ミステリーで読み解く英文法

オリエント急行殺人事件

Murder on the Orient Express

Agatha Christie

Published 2022 in Japan by IBC Publishing

Textbook rights arranged with Agatha Christie Limited through Timo Associates, Inc.

装　　幀＝高橋玲奈
日本語訳＝宇野葉子
コラム執筆＝Raina Ruth Nakamura
ナレーション＝John Bell

本書の英文テキストは、弊社から刊行されたラダーシリーズ『Murder on The Orient Express』から転載しています。

まえがき

「オリエント急行殺人事件」は、アガサ・クリスティの数ある名作の中でも、当時実際におきた誘拐殺人事件をテーマにしながら、ヨーロッパを横切る国際列車を事件現場にした異色の作品でした。犯人が一人ではなく、全ての人の恨みが錯綜した事件であったことも、他の作品にはみられないユニークなものです。

ミステリーは、犯行が行われる場所によって、その作品に様々な影響を与えます。寝台特急そのものがほとんどなくなった現在では、この急行の名前自体にロマンスをかきたてられます。しかも、事件は現在のセルビアの首都ベオグラードから、クロアチアのザグレブに向かう山中で深夜に起こります。そこは、あのドラキュラ伯爵の伝説をうんだ急峻な山岳地帯の西端にもあたり、その昔はイスラム教の大帝国だったオスマントルコの支配下におかれたこともあった地域でした。ヨーロッパの人々は、列車が雪だまりで立ち往生したしたくだりを読み始めたときに、真っ先にそんな異国情緒にひたり、当時の風景を心に描いたに違いありません。

もちろんオリエント急行のオリエントとはトルコのことを意味し、当時のトルコの首都イスタンブールから西ヨーロッパへと向かう寝台特急という、彼女が得意とする、密閉された空間の中での殺人事件です。この地域のこうした地理的、そして歴史的な背景を理解すると、この作品がより彩りをもって捉えられるはずです。

アガサ・クリスティが生きたのは二つの世界大戦をまたいで世界が大きく変化した激動の時代でした。彼女が生まれたころ、コナン・ドイルの作品の主人公、名探偵ホームズが、ロンドンのベイカー街で活躍していました。彼は友人のワトソンと馬車に乗って事件の探索にあたっていました。そして、「オリエント急行殺人事件」が出版された1934年には、すでに自動車があり、戦場には騎兵隊のかわりに戦車が登場していました。それは第二次世界大戦に傾斜する不安定な時代です。

事件を解決するエルキュール・ポアロは、第一次世界大戦時にロンドンに亡命してきた元ベルギーの刑事という設定です。そう、彼自身、その複雑な時代に翻弄され、異国での生活をはじめた人物なのです。さらに、事件現場は入り組んだ国際情勢の中でも特に民族や宗教の背景が多様なこの地域で、第一次世界大戦の発火点になったサラエボからもそう遠くないところです。そんな不安定な時代に、東西ヨーロッパの接点ともいえる山深い場所で起きた事件。それだけで、読者は知的好奇心に煽られてしまうのです。

『オリエント急行殺人事件』を読むにあたって、是非その時代背景と、事件のモデルになった誘拐事件について調べておくと、より深く物語を楽しむことができるしょう。

そして、アガサ・クリスティの作品で主人公がエルキュール・ポアロに加えて、ミス・マープルが目立って登場してくる頃、世界はすでに第二次世界大戦が終わり、現在の社会へと直接繋がる時代へと変化していったのです。この作品はそんな過去へのノスタルジーが国際列車の中に漂う傑作なのです。

目次

本書の使い方

本書の英文は、ラダーシリーズLevel 4の一作として小社から刊行された*Murder on the Orient Express*（『オリエント急行殺人事件』）のバージョンに基づいています。使用語彙が2,000語レベルに制限され、総語数を1万4,000語程度に抑えてリライトされているので、原書よりもはるかに楽に、楽しみながら無理なく読み切ることができるはずです。

とはいえ、使用する文法には特に制限がかけられていません。言い換えれば、文法については手心が加えられていない、ネイティブスピーカーの自然な英語なのです。そのため、語句の表面的な意味は概ね理解できても、語形や語法、文の構造などに関する理解が追いつかず、文章の真意や筆者の意図を十分に把握できないこともあるかもしれません。個々の文の意味は、そこで使われる単語や熟語に多くを依存しますが、実は文法によって決定される部分も決して小さくないのです。特に、文章、文脈という大きな単位での理解には文法力が欠かせません。

本書では、特に日本の英語学習者がつまずきがちなポイントを中心にして、英文に文法的な注釈・解説を付けてあります。単語や熟語の意味は全てわかるのに文全体の意味がはっきりつかめない、文章の前後関係がどうも釈然としない――英文を読みながらそんな思いを抱いたら、英文の対向ページ（各右ページ）にある文法解説に目を通してみてください。疑問が解け、誤読を防ぐことにもつながるはずです。

また、文法解説を参照しながら英文を読み進めれば、それまでバラバラで脈絡のない知識の断片だった文法事項が、具体的にどんな場面でどんな役割を担い、どのような意味・ニュアンスを伝えるのか、といった観点で、少しずつ体系的に整理されていくことでしょう。

語彙や表現に加えて文法も十分に理解した上で、本書を読破したら、次にはぜひアガサ・クリスティ自身の手による原書にチャレンジしてみましょう。本書で身につけた知識や理解力は、原書を読むときにも必ず役に立つはずです。

●無料音声一括ダウンロード●

本書の朗読音声（MP3形式）を下記URLとQRコードから無料でPCなどに一括ダウンロードすることができます。

https://ibcpub.co.jp/audio_dl/0718/

※ダウンロードしたファイルはZIP形式で圧縮されていますので、解凍ソフトが必要です。

※MP3ファイルを再生するには、iTunesやWindows Media Playerなどのアプリケーションが必要です。

※PCや端末、アプリケーションの操作方法については、編集部ではお答えできません。付属のマニュアルやインターネットの検索を利用するか、開発元にお問い合わせください。

Murder on
the Orient Express

『オリエント急行殺人事件』を
読み始める前に

Some Interesting Facts about Agatha Christie

What do you know about Agatha Christie? Even if you are a fan of hers, you might be surprised about some interesting details of her life. Let's look at a few of those, starting with her childhood in England at the end of the 19th century.

Agatha had an unusual childhood because she didn't go to school, but stayed home and was taught mainly by her American father. Her mother loved to tell stories, but for some reason didn't think Agatha should learn to read until she was seven or eight years old. Agatha was bored, though, so she taught herself how to read by the age of five. Later, when she was sick and couldn't leave her bed, her mother told her to write down some of the stories she made up about her imaginary friends. She did just that and that's how her writing "career" began.

During World War I, Agatha volunteered at a temporary hospital in her hometown in Devon. She learned a lot about medicine and poisons in the hospital pharmacy. This knowledge came in handy when she started writing murder mysteries, as she didn't like violent deaths. (An obvious exception is Mr. Ratchett's death in this book—he was stabbed 12 times!) In *The Mysterious Affair at Styles*, her first book, the victim was killed by poison. In all, more than 30 of her characters would die from being poisoned.

Her first marriage was to a military pilot named Colonel Christie, but they were not well suited. When he asked for a divorce in the same year that her mother died, 1926, Agatha was so upset that she left the house by herself and disappeared. Her husband, friends and the police all looked for her for the next eleven days. Colonel Christie finally found her at a hotel where she had checked in under a different name. She did not recognize him

クリスティ作品を楽しむために知っておきたいこと

あなたはアガサ・クリスティについてどんなことを知っていますか？　クリスティ作品のファンだとしても、彼女の生涯に起きたことを知ると驚くかもしれません。まずは19世紀末、イギリスでの幼少期から、見ていきましょう。

アガサは学校には行かず、家でアメリカ人の父親からいろいろなことを教わるという、なんとも変わった子ども時代を送りました。母親はお話を作ったりするのが好きだったようですが、なぜかアガサが7、8歳になるまで、字を習うべきではないと考えていました。しかし退屈したアガサは、5歳になるまでに自分で読み方を覚えたのです。のちに、アガサが病気でベッドから出られなくなった時です。母親は、空想の友だちが出てくるお話を書いてみたら、とアガサに言いました。それがまさにアガサの「作家としてのキャリア」の始まりだったのです。

第一次世界大戦中、アガサは故郷のデヴォン州にある臨時の病院でボランティアをしました。この病院の薬局でアガサは薬や毒薬について多くのことを学びました。ここでの知識が殺人ミステリーを書き始めたとき、役立つのです。アガサは暴力的な殺人は好みませんでした。ただし本書のラチェット氏の殺され方を除いては。ラチェット氏は、なんと12回も刺されて殺されたのです。彼女の処女作、『スタイルズ荘の怪事件』に出てくる被害者は毒殺されています。全作品の中で、30以上の作品で登場人物は毒殺されています。

アガサが最初に結婚したのは、クリスティ大佐という軍のパイロットでした。しかしあまり二人の相性は良くありませんでした。1926年、アガサの母が亡くなったのと同じ年に大佐から離婚を切り出されたアガサは、動揺し、家を出て姿を消したのです。その後、11日間にわたって、アガサの夫、友人、警察がアガサを探しました。ようやくクリスティ大佐は、違う名前でホテルにチェックインしていたアガサを発見しました。ですがアガサは、クリスティ大佐のことを思い出せないだけでなく、自分が誰なのかもわからなかったの

and she couldn't even remember who she was. She had a bad case of amnesia. Afterwards, she lived separately from the Colonel and eventually they were divorced.

In 1930, after recovering fully from amnesia and publishing two more books, Agatha married an archeologist named Max Mallowan. Mallowan was almost 14 years younger than she was and she made a joke out of their age difference. She is quoted as saying, "I married an archaeologist because the older I grow, the more he appreciates me." When the new couple went to Mallowan's archaeological sites in the Middle East, guess how they traveled? By the Orient Express, of course! (Learn more about this famous train on page 16.) While her husband worked at the site, Agatha worked on her mystery stories. Some of the books she wrote during that time were *Death on the Nile*, *Murder in Mesopotamia* and, yes, *Murder on the Orient Express*. Her second marriage seemed to be a happy one and they were together until her death in 1976.

Most people don't know that Agatha wrote six novels under a different name, Mary Westmacott. She said she wanted to write about themes other than murder, but her name was closely associated with detective novels. So she used a different name and found great satisfaction in telling stories of love and family. She also wrote many plays, some of which were performed in London. One of them called The Mousetrap is the longest running play in history. It opened in 1952 and is still running. Many of her books were made into movies. Agatha attended the premier of the film version of *Murder on the Orient Express* in 1974, which ended up being her last public appearance. Her opinion of the film? She was satisfied except on one point: Poirot's mustache was not "luxurious" enough.

です。アガサはひどい記憶喪失に陥っていました。その後、大佐とは別居し、やがて離婚することになります。

記憶喪失から回復し、さらに2冊の本の出版を果たした1930年には、考古学者のマックス・マローワンと再婚します。マローワンはアガサより14歳も年下で、彼女はその年齢差をジョークにして、「私が考古学者と結婚したのは、私が年を取れば取るほど、彼は私のことを認めてくれるようになるからよ」と言ったと言われています。ところで、新婚カップルが、中東のマローワンの遺跡へどうやって行ったと思われますか？　そう、もちろんオリエント急行なのです（この有名な列車については17ページ参照）。夫が遺跡で発掘作業などをしているときに、アガサはミステリー小説の執筆に勤しんでいました。この頃に彼女が書いた本には、『ナイルに死す』『メソポタミヤの殺人』、そして『オリエント急行殺人事件』などがあるのです。彼女の2度目の結婚は幸せなものだったようで、1976年に亡くなるまで二人は一緒にいました。

MRS. CHRISTIE FOUND AT HARROGATE

Dramatic Re-union With Husband in Famous Hydro.

"HER MEMORY GONE"

How Missing Novelist Spent Time While Police and Public Looked for Her

Mrs. Christie, the missing inventor of detective stories, was traced last night to the Hydro, Harrogate, by her husband, Colonel Christie.

In an interview after a dramatic meeting between the pair, Colonel Christie told the DAILY HERALD that his wife had suffered from the "most complete loss of memory." She did not even recognise him, he added.

Mrs. Christie

"She does not know why she is here."
—Col. Christie

Col. Christie

1926年12月アガサが発見されたことを伝えるデイリー・ヘラルドの記事

アガサが、メアリー・ウェストマコットという別名で6冊の小説を書いていたことも、あまり世間では知られていません。アガサは殺人以外のテーマでも本を書きたいと言っていましたが、彼女の名前が探偵小説を連想させるため、違う名前で愛や家族の物語を語ることにして、満足していたのです。アガサは戯曲も書きました。中にはロンドンで上演されたものもあり、とくに『ねずみとり』は史上最も長く上演された戯曲で、1952年の初演から、現在でも上演されています。映画化された作品も数多くあります。1974年には、『オリエント急行殺人事件』の映画版のプレミアに出向きました。それが彼女の最後の公の場の姿となったのです。アガサの映画の感想はというと？　1点を除いて満足しています。ポアロの口髭が思ったほど立派ではなかったというものでした。

Agatha Christie will always be known as the "Queen of Mystery" or the "Queen of Crime." She could also be called the "Queen of Writers" because she published 66 mystery novels, 14 short story collections, numerous plays and many other works during her long career. In terms of number of books sold, Agatha sits at third place, right after Shakespeare and the writers of the Bible! Possibly to inspire other women to write, she is known as saying, "The best time to plan a book is while you're doing the dishes."

Hercule Poirot

There are several recurring characters in Agatha Christie's mystery novels, but none of them are as memorable as Hercule Poirot. He appears in more than half of her mystery novels, and in 59 of her short stories. Agatha made Poirot a refugee from Belgium, perhaps because in 1916 when she was writing her first Poirot book, the English people felt very sympathetic with the Belgians who had just been invaded by Germany. Poirot, we learn, had been a famous policeman in Belgium and seems happy to use his "little gray cells" (his brain) to help solve crimes in his new country.

Readers learn about Hercule Poirot gradually through descriptions in many of the books he appears in. We know that Poirot was no more than 5 foot, 4 inches (163 cm) tall. He kept his black hair oiled and had a lengthy routine to maintain his famous mustache. The mustache was kept luxurious by the use of a special pomade, or heavy hair cream. On page 62 of this book, he even refers to his mustache irons! He must have used those to curl his 'stache' into the desired shape. He is described by Agatha as having an 'egg-shaped' head and green eyes. He always carried a pocket watch, cared deeply about his patent leather shoes, and wore suits

アガサ・クリスティは、「ミステリーの女王」あるいは「犯罪小説の女王」として知られていますが、長い作家生活で、66冊のミステリー小説、14冊の短編集、数々の戯曲やその他の作品を発表していることから「作家の女王」と称されることもあります。本の売上部数で言うと、シェイクスピア、聖書に次ぎ3位につけています。「本の企画をするのに一番いいのは、皿洗いをしている時よ」とアガサが言ったとされていますが、これはおそらく他の女性作家たちを元気付けるためだったのでしょう。

エルキュール・ポアロってどんな人？

アガサ・クリスティのミステリー作品には繰り返し登場する人物が何人かいますが、エルキュール・ポアロほど印象に残る人物は他にいないでしょう。ミステリー小説の半分以上、短編小説の59作品に、ポアロは登場しています。アガサがポアロをベルギーからの難民に仕立てのは、おそらく彼女が最初のポアロを書いた1916年当時、ドイツに侵略されたばかりのベルギー人に対してイギリス人が同情的だったからでしょう。ポアロはベルギーの有名な警察官で、その「小さな灰色の脳細胞」を使って、新天地で事件を解決するのを楽しんでいるようです。

読者は、エルキュール・ポアロについて、彼が登場する多くの本の記述を通して、じょじょに知ることになります。ポアロの身長は163cmに満たないことはわかっています。黒髪にはオイルをつけ、ご自慢の口髭を時間をかけて手入れをします。立派な髭には特別なポマードか重めのヘアクリームを使い、本書の62ページでもわかるように、口髭用のこてまで紹介されています。ポアロは、お気に入りの形になるようにこてを使って髭をカールさせているのです。アガサが描いたポアロは、「卵形」の頭で、目は緑色でした。いつも懐中時計を持ち歩き、エナメルの靴の手入れをし、「ダンディ」なスーツを着ました。つまり上品に着飾ったマナーの良い男性です。相棒のヘイスティングス大尉が登場するある作品では、大尉が次のように断言しています。「彼の服装は

that made him look like a 'dandy,' an elegantly dressed man with good manners. In one book that includes his companion Captain Hastings, the Captain declares, "The neatness of his attire was almost incredible; I believe a speck of dust would have caused him more pain than a bullet wound." He continued to dress like a dandy in the same type of suits, though they became out of fashion as the decades went on.

Some people have pointed out that Agatha Christie's character Hercule Poirot has several things in common with another famous fictional detective of the time, Sherlock Holmes. They both had assistants who were faithful but a little dull (Hastings and Watson). They both had contacts within the police force who called on them for help (Lestrade and Japp). Agatha made Poirot different from Sherlock Holmes in a significant way, however. Gradually, over the series of books, he stops following small physical clues and relies more on human psychology to solve the murders. As he says in this book on page 98, "I must understand the character of each person on this train" to find the killer. Of course, he does observe the crime scene closely and picks up clues to help him. (See page 20 for more on how Poirot solves the murder of Mr. Ratchett.) But in later books, he makes use of psychology to solve the crimes. In *Five Little Pigs*, which was published in 1942, he says, "I do not need to bend and measure the footprints and pick up the cigarette ends and examine the bent blades of grass. It is enough for me to sit back in my chair and think."

It was said that Mr. Doyle killed Sherlock Holmes in the book *The Final Problem* because he was tired of writing stories about him. Agatha Christie felt the same about Poirot. She wrote in a 1938 newspaper article, "Why-why-why did I ever invent this detestable bombastic, tiresome little creature?" But she continued to create crimes for Poirot to solve long after she said that, possibly because

信じられないほど清潔できちんとしている。銃の傷より、一片の埃の方が彼を苦しめたと思う」

ポアロは数十年の歳月を経て流行遅れになったとはいえ、同じタイプのスーツを着て、ダンディを装い続けているのです。

Hercule Poirot Is Dead;
Famed Belgian Detective

By THOMAS LASK

Hercule Poirot, a Belgian detective who became internationally famous, has died in England. His age was unknown.

Mr. Poirot achieved fame as a private investigator after he retired as a member of the Belgian police force in 1904. His career, as chronicled in the novels of Dame Agatha Christie, was one of was one of the most illustrious in fiction.

At the end of his life, he was arthritic and had a bad heart. He was in a wheelchair often, and was carried from his bedroom to the public lounge at Styles Court, a nursing home in Essex, wearing a wig and false mustachés to mask the signs of age that offended his vanity. In his active days, he was always impeccably dressed.

Mr. Poirot, who was just 5 feet 4 inches tall, went to England from Belgium during World War I as a refugee.

Continued on Page 16, Column 1

Illustrated London News and Sketch, Ltd.
Hercule Poirot, painted in the mid-1920's by W. Smithson Broadhead.

The New York Times
Published: August 6, 1975

1925年ニューヨーク・タイムズに掲載されたポアロの死亡記事

アガサ・クリスティが描いたエルキュール・ポアロは、同じく架空の探偵として有名なシャーロック・ホームズといくつかの共通点があると言う人がいます。二人には、忠実だが少し鈍い助手（ヘイスティングスとワトソン）がいます。二人とも、助けを求めてくる警察内部に人脈（レストレードとジャップ）がありました。とはいえ、アガサはポアロをシャーロック・ホームズとはかなり異なる存在に仕立てました。ポアロはシリーズを重ねるごとに、次第に物理的な小さな手がかりを追うのをやめ、人間の心理面を頼って、事件を解決するようになります。本書の98ページでポアロが言っています。犯人を見つけるためには、「この列車に乗っている一人ひとりの性格を理解しなければなりません」 もちろんポアロは事件現場をよく観察し、手がかりを見つけています（ラチェット氏殺害事件をポアロがどのように解決するかは、21ページを参照）。しかし、その後の作品では、心理学を駆使して事件を解決するのです。1942年に出版された『五匹の子豚』では、「私は、しゃがんで足跡の大きさを測ったり、タバコの吸い殻を拾ったり、折れた草の葉っぱを調べたりする必要はないのです。椅子に腰掛けて考えるだけで十分です」と言っています。

作家ドイルが『最後の事件』でシャーロック・ホームズを殺したのは、彼のことを書くのに飽きたからだと言われています。アガサ・クリスティも、ポアロについて同じように感じていました。1938年の新聞記事で、「なぜ、なぜ、なぜ私はこの憎むべき大げさでうんざりするような小さな生き物を生み出してしまったのかしら」と書いています。とはいえ、彼女は、ポアロは世界中に多くのファンがいたためか、そう言った後もポアロに解決してもらうために

he had so many fans around the world. Finally, though, she did kill him in a book that she wrote during World War II. The book, called *Curtain*, takes place in Styles where Agatha had introduced Poirot to her readers in *The Mysterious Affair at Styles*. However, she showed the *Curtain* manuscript to no one and decided not to publish it right away. Finally, though, a year before her own death, she agreed to release it. When it came out, *The New York Times* published an obituary of the famous detective. It was the first and only time the famous newspaper wrote an obituary for a fictional character.

The Orient Express

The Orient Express is one of the most famous trains in the world, but it actually wasn't a single train. There were many routes that all became known as The Orient Express from its beginning in the last decades of the 19th century to the present day. Let's look at the history of the Orient Express and what has made it so popular.

In the 1860s a Belgian man named Georges Nagelmackers visited the U.S. and was impressed with the train system there, especially the sleeper cars. He came back to Europe and started the Compagnie Internationale des Wagon-Lits—'wagon lits' means sleeper cars in French. (Poirot's friend Mr. Bouc is the fictional director of this company in the book—see page 38.) The first train of this line started in 1883 and went from Paris to Constantinople in 13 days. That seems like a long trip, but at the time it would take travelers more than two months on different trains and even a boat to make that journey. A newspaper article written about the Wagon Lits train called it the Orient Express (though Turkey was hardly in the Orient) and the name stuck.

犯罪を作り続けました。しかし、ついに彼女は、第二次世界大戦中に書いた本の中で、ポアロを殺します。本のタイトルは『カーテン』で、アガサが『スタイルズ荘の怪事件』でポアロを読者に紹介したそのスタイルズが舞台になっているのです。彼女は、『カーテン』の原稿を誰にも見せず、すぐには出版しないことにしました。そして彼女が亡くなる1年前、ついに出版することに同意したのです。出版されるとニューヨークタイムズ紙はこの名探偵の死亡記事を掲載しました。この有名な新聞社が架空の人物の死亡記事を書いたのは、この時だけでした。

オリエント急行の魅力

オリエント急行は誰もが知る有名な列車ですが、実は一つの列車ではなかったのです。19世紀末に運行が開始されてから現在に至るまで、多くの路線があり、そのすべてがオリエント急行と呼ばれるようになりました。オリエント急行の歴史と、そしてその人気の秘密をみていきましょう。

1860年代のこと。アメリカを訪れたベルギー人のジョルジュ・ナジェルマッカーズは、その鉄道システム、とくに寝台車に感銘を受けました。ヨーロッパに戻った彼は、国際寝台車会社(Compagnie Internationale des Wagon-Lits、Wagon Litとはフランス語で寝台車の意味)を立ち上げました(本書の中でポアロの友人のブーク氏は、この会社の架空の取締役ということになっている。38ページ)。1883年にはじまったこの路線の最初の列車は、パリからコンスタンチノープルまで13日かけて運行されました。これは長い旅のように思えますが、当時、この旅には列車や船を乗り継ぎ、2か月以上もかかっていたのです。寝台車について書かれた新聞記事で、その列車がオリエント急行と呼ばれ(トルコはオリエントとは呼び難かったが)、その名が定着したのです。

オリエント急行は、まさに高級ホテルでした。木工品からリネン、食事に至るまで、すみずみまで高級で、乗客一人当たりの料金もその優雅さを示していま

The Orient Express was like a luxury hotel. Every detail from the woodwork to the linens to the food was high-class and the price per passenger reflected this elegance. In today's euros, one ticket cost about 1,750 euros or over 240,000 yen. It's unclear how the passengers in Agatha's book like the governess, Mary Debenham, or the Italian Antonio Foscarelli could afford such a high-priced ticket! We have to assume that their tickets were paid for so that they could have their revenge.

The Orient Express has been called the 'King of Trains and the Train of Kings.' Kings of several countries rode the train, including Ferdinand I. He demanded to be allowed to drive the train through his country of Bulgaria and he did so at dangerous speeds. Tsar Nicholas II of Russia requested special cars be built just for him. In this book, there are several members of royalty traveling on the Orient Express, Princess Dragomiroff and the Count and Countess Andrenyi. It was also a train for presidents and one of them had a rather unforgettable experience on his ride. In 1920, as the story goes, French President Paul Deschanel actually fell out of one of the cars. He got up in the middle of the night and opened the wrong door of his sleeping car. He wasn't physically hurt since the train was running slowly, but his pride was injured greatly. He had to walk to the closest signal box to call for help wearing his pajamas and only one slipper.

In addition to being known as the "Train of Kings," it was called the "Spy's Express" because so many spies traveled on it. From its windows, spies from different European countries could see what types of natural defenses their neighbors had. It was also used for the meeting in which the Germans signed the surrender papers at the end of World War I. Hitler remembered this and made the French sign their surrender papers in the same car of the Orient Express during World War II.

した。現在のユーロに換算すると、１枚の切符が約1,750ユーロ、日本円で24万円強になります。本書に登場する家庭教師のメアリー・デベナムやイタリア人のアントニオ・フォスカレリといった乗客が、これほど高いチケットを買う余裕があるとは思えません！　推測するに、高額なチケットの代金は、復讐をするために支払われたということなのでしょう。

1888–1889年のオリエント急行のポスターと時刻表

オリエント急行は、「列車の王様」または「王様の列車」と呼ばれています。フェルディナント１世をはじめ、何人かの国王がこの列車に乗車しました。フェルディナント国王は、自国ブルガリアで列車を運転する許可を求め、実際ものすごいスピードで走ったのです。ロシアのニコライ２世は、彼だけのための特別車両を作ることを要求したりもしました。本書にも、オリエント急行で旅行する王族、ドラゴミロフ公爵夫人とアンドレニ伯爵夫妻が登場します。また大統領の列車ともいえる特筆すべき出来事もありました。1920年のことです。フランスのポール・デシャネル大統領が、列車から転落したのです。夜中に目を覚ました大統領は、寝台車のドアを間違えて開けてしまいました。ちょうど列車はゆっくりと走っていたため、大統領に怪我はありませんでしたが、彼のプライドはおおいに傷つきました。というのも大統領は片足だけスリッパをはき、パジャマのままで信号発信箱まで行き、助けを求めなければならなかったのです。

「王様の列車」は、多くのスパイが列車に乗ったことから「スパイ特急」とも呼ばれました。ヨーロッパ各国のスパイたちは、近隣諸国にどのような自然の防御力があるのかを列車の窓から見ていたのです。また、第一次世界大戦末期、ドイツ軍が降伏文書に署名する際にも列車は使われました。このことを覚えていたヒトラーは、第二次世界大戦中、オリエント急行の同じ車両で、フランス軍に降伏文書に署名させたといいます。

Besides royalty, presidents, and spies, several fictional characters rode the Orient Express. Of course, the first was Hercule Poirot in the 1930s. In Alfred Hitchcock's film set in the same decade, *The Lady Vanishes*, a character disappeared on the Orient Express. And James Bond rode the train from Istanbul to London in the 1963 movie, *From Russia with Love*.

The train in Agatha Christie's book was actually called the Simplon Orient Express. This route started after World War I and avoided Germany by going through the Simplon Tunnel in the Swiss Alps. Agatha might have gotten the idea for the snow delay in her book from a real-life incident in 1929 in which the Simplon Orient Express was stuck in snow for five days near a small station in Turkey. In the book, the delay takes place in the former Yugoslavia.

When air travel became popular in the 1970s, the Orient Express lost many of its passengers and had to shut down. But since then a modified route from Venice was started and continues to this day. It features cars that have been redecorated in the Art Nouveau style of the 1920s and 30s.

Solving the Murder

*This article contains major spoilers, so please read it after you have read the book.

Agatha Christie wrote several locked room murder mysteries, including this book and *The Mysterious Affair at Styles*, in which she introduces Poirot. Locked room mysteries are stories that take place in a secure area, like a room, a whole house or a train car. In a locked room mystery, there is no way that anyone could come in from the outside and no one is allowed to leave, so one of the characters inside has to be the killer.

王族、大統領、スパイ以外にも、何人もの架空の人物がオリエント急行に乗車しました。もちろん、その筆頭は、1930年代のエルキュール・ポアロです。同じ年代に制作されたアルフレッド・ヒッチコックの映画『レディ・バニッシュ』では、登場人物がオリエント急行で失踪しています。1963年の映画『ロシアより愛をこめて』では、ジェームズ・ボンドがイスタンブールからロンドンまで、この列車に乗車しています。

アガサ・クリスティの作品に登場する列車は、「シンプロン・オリエント急行」です。第一次世界大戦後、ドイツを避けて、スイスアルプスのシンプロン・トンネルを通る路線です。1929年にトルコの小さな駅付近で、実際にシンプロン・オリエント急行が5日間雪で立ち往生したことがありました。アガサはこのことから、本書の中でも雪による遅延というアイデアを思いついたのかもしれません。本書では、旧ユーゴスラビアで雪で立ち往生したことになっています。

1970年代に飛行機の旅が盛んになると、オリエント急行は乗客を失い、運行を取りやめることを余儀なくされました。それでも、ルートをベニスからに変更し、今日まで続いています。1920年代から30年代のアールヌーボーのスタイルに改装された車両が人気です。

事件はどう解決されたか?!

*ネタバレを含みますので、本を読んだ後にお読みください。

アガサ・クリスティは、本書やポアロを登場させた『スタイルズ荘の怪事件』など、何冊かの密室殺人ミステリーを書いています。密室ミステリーとは、部屋、家全体、または列車の車両といった安全な場所で起きる話で、外から誰も入ってこられないし、誰も出ていけないため、中にいる人物の誰かが犯人でなければなりません。

As Poirot began to work on solving the murder in this book, he checked for clues left by the killer. But there were many clues that were meant to distract him from the truth. Let's look first at the distractors, or the clues that didn't help him. Then, we will look at some of the points that helped Poirot solved the murder.

Among the clues found in Mr. Ratchett's room were a pipe cleaner, a handkerchief with the initial 'H,' and a semi-burned piece of paper. Only one of those things actually helped Poirot, the burned paper. The pipe cleaner was a false clue supposed to make Poirot think that the killer smoked a pipe. However, Colonel Arbuthnot, the only pipe smoker, had an alibi. The handkerchief was also a false clue, leading Poirot to think that the killer was a woman.

Another distracting clue comes from Mrs. Hubbard, who claimed that there was a man in her room on the night of the murder. She shows Poirot a button from a train conductor uniform that she found on her floor. It didn't belong to any of the conductors on the train, so Poirot was supposed to believe that someone came on board the train, stole a uniform and killed Mr. Ratchett. This story was supported by the convenient fact that Arbuthnot and MacQueen both told Poirot they had gotten off the train for a short time at the previous station and had left one of the car doors unlocked.

Another false clue was given by Mr. Hardman. He told Poirot that Ratchett had hired him to catch his killer, who was described

本書で殺人事件の解決に取り組み始めたポアロは、犯人が残した手がかりを確認していきました。しかし、残された手がかりはどれもポアロを真実から遠ざけるようなものばかりだったのです。まず、彼の助けにはならなかった手がかりから見ていきましょう。そして、ポアロが事件を解決するために役立った手がかりを見ていきます。

ラチェット氏の部屋から見つかった手がかりは、パイプクリーナー、「H」のイニシャルがついたハンカチ、そして半分焼けた一片の紙でした。このうち、実際にポアロの助けになったのは、燃えた紙片だけでした。パイプクリーナーは、ポアロに「犯人はパイプを吸っている」と思わせるための偽の手がかりでした。しかし、パイプを吸う唯一の人物であるアーバスノット大佐にはアリバイがありました。ハンカチも偽の手がかりで、ポアロは犯人が女性であると思い込んでしまいました。

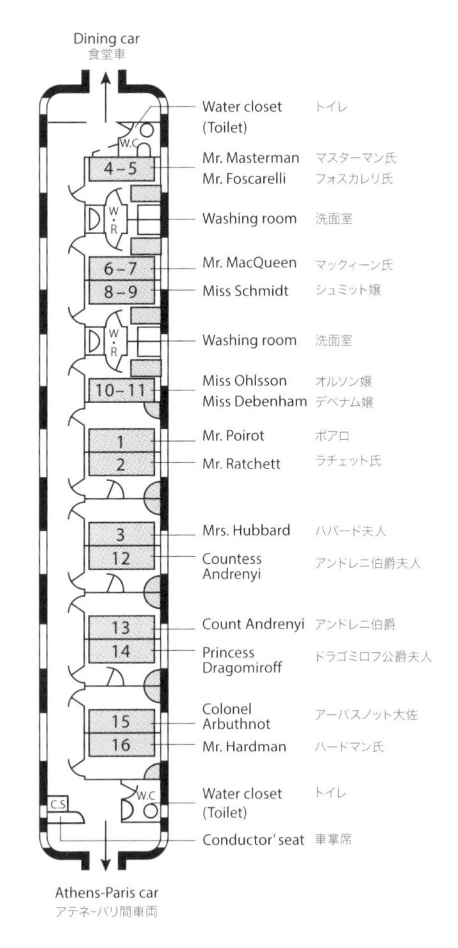

ハバード夫人からの手がかりも彼を混乱させました。彼女は殺人事件のあった夜、彼女の部屋に男がいたと主張したのです。夫人はポアロに、床に落ちていたという車掌服のボタンを見せました。それはどの車掌のものでもなかったので、ポアロは誰かが列車に乗り込んで制服を盗み、ラチェット氏を殺したと信じたのです。アーバスノットとマックイーンの二人が、前の駅で少しの間列車を降りて、車両のドアを開けたままにしておいたとポアロに語ったことで、その都合の良い事実が、この話を裏付けてしまったのです。

もう一つの偽の手がかりは、ハードマン氏からもたらされました。彼はポアロに、ラチェットを殺そうとしている男を捕まえるために、自分を雇った

as “a small, dark man with a womanish voice.” (page 104) This was supported by the woman Poirot saw running down the hall in the red dressing gown. However, none of the women on the train car had a red dressing gown, so Poirot was supposed to believe someone had boarded the train and left after the murder.

So how did Poirot get through all these distractors to the truth? The first clue that set him on the right track was the burned piece of paper in Ratchett’s room. Using his mustache irons, a small stove and a ladies’ hat box frame, Poirot was able to see what was written on the paper ‘—member Daisy Arms—’. (page 62) From these few words, he guessed that Mr. Ratchett was killed because he was actually the murderer of Daisy Armstrong.

After that, Poirot put together the truth by finding out how each of the passengers was connected to Daisy Armstrong. When he found a dirt mark on the passport of Countess Andrenyi, he suspected that her name had been changed from Helena to Elena for some reason. Later, he guessed it had been changed to hide her identity as Helena Goldenberg, the younger sister of Sonia Armstrong.

Another point was that Poirot knew Mrs. Hubbard had lied about her door being locked. This door connected to Mr. Ratchett’s room. She claimed she told the Swedish woman to lock it, but that she herself could not see it from her bed because of a bag hanging from the door handle. However, Poirot noticed the lock was above the door handle. (page 122) He later figures out that Mrs. Hubbard is really the retired actress Linda Arden, Sonia Armstrong’s mother.

Another clue that might have helped Poirot: there were 12 stab marks on the body and there were 12 people in the train car. He eventually connected everyone to Daisy Armstrong and realized they each had a strong motive to kill Mr. Ratchett.

と言いました。その男が、「女性っぽい声の、小さくて、浅黒い男」(104ページ)と描かれていたため、ポアロが見た、赤いガウンを着て廊下を走る女性と重なったのです。しかし、列車にいた女性の中に、赤いガウンを着ている人はいなかったので、ポアロは誰かが列車に乗り込み、殺人の後に出て行ったと考えることになりました。

では、ポアロはどうやってこのような偽の手がかりを排除し、真実にたどり着いたのでしょうか。ポアロを正しい方向に向けた最初の手がかりは、ラチェットの部屋にあった燃え残った紙片でした。ポアロは、口ひげ用のこて、小型コンロ、婦人用の帽子箱の枠を使って、紙に書かれていた「—member Daisy Arms—」という文字を見ることができたのです(62ページ)。このわずかな言葉から、彼はラチェット氏が殺されたのは、実はデイジー・アームストロングを殺した犯人だからだと推測したのです。

それから、ポアロは乗客の一人ひとりがデイジー・アームストロングとどのようにつながっているかを調べ、真相を組み立てていきました。アンドレニ伯爵夫人のパスポートに汚れた跡を見つけると、ポアロは彼女の名前が何らかの理由でヘレナからエレナに変更されたのではと思いました。その後、ソニア・アームストロングの妹、ヘレナ・ゴールデンバーグであることを隠すために改名したのではと推測するようになります。

もう一つは、ハバード夫人がドアに鍵がかかっていると嘘をついたことをポアロは気づいていたことです。このドアはラチェット氏の部屋とつながっていました。彼女はスウェーデン人の女性に鍵をかけるように言ったと主張しましたが、彼女自身はドアの取っ手からバッグがぶら下がっていて、ベッドからは錠が見ることができませんでした。しかし、ポアロは錠がドアの取っ手の上にあることに気づき(122ページ)、ハバード夫人の正体が引退した女優リンダ・アーデンで、ソニア・アームストロングの母親であることを突き止めたのです。

もう一つ、ポアロを助けたかもしれない手がかりがあります。遺体には12の刺し傷があり、列車には12人の人がいたということです。ポアロは最終的に全員をデイジー・アームストロングに結びつけ、それぞれがラチェット氏を殺す強い動機があることに確信を得ていったのです。

The Lindbergh Kidnapping

In this book, the victim Mr. Ratchett was discovered to be the man who had kidnapped and killed a small child. Agatha Christie names the child Daisy Armstrong and tells how the whole Armstrong family and their friends were affected by this terrible crime. There was a real-life case that Agatha modeled the crime on, the Lindbergh Baby kidnapping in the early 1930s. Let's look at the background of the real-life case and see how it is similar to and different from the one in Agatha's book.

In 1927, a man named Charles Lindbergh became the first person to fly by himself from New York City to Paris, making him famous on both sides of the Atlantic. He married a woman named Anne Morrow in 1929. When their first child, Charles Lindbergh, Jr., was just 20 months old, he was taken from his bedroom in the family home in New Jersey. The kidnapper sent more than 12 ransom notes over several months and the Lindberghs paid a lot of money to get their son back. Sadly, however, the child's body was found not far from the Lindbergh home. He had been killed soon after being taken. The police and FBI spent two years tracking down his killer. Some of the ransom money had been marked in a special way that made it noticeable to bank tellers. When a bank teller saw some of this money, he called the FBI and they were eventually able to find the kidnapper.

In the book Poirot remarkably remembers many of the details of Daisy Armstrong's kidnapping, even though it had taken place five years previously. There were several similarities between the Armstrong and Lindbergh cases. In the book, the father, Colonel

アームストロング誘拐事件は実話だった？

本書では、被害者のはずのラチェット氏が、小さな子どもの誘拐殺人犯だったことが明らかにされます。アガサ・クリスティは、その子をデイジー・アームストロングと名づけ、アームストロング家の人々やその周囲の人たちが、どれほどこの恐ろしい犯罪に影響されたかを描きました。アガサは、1930年代初めに実際に起きたリンドバーグ愛児誘拐事件をモデルにしました。実在の事件と本書で描かれた事件との似ているところと違うところを見ていきましょう。

1927年、チャールズ・リンドバーグは、ニューヨークからパリまでの大西洋単独飛行に初めて成功し、大西洋をはさんだ両側で有名になりました。1929年にはアン・モローという女性と結婚します。二人の最初の子ども、チャールズ・リンドバーグ・ジュニアが生後わずか20か月の時に、ニュージャージーの自宅の寝室から連れ去られたのです。誘拐犯は、数か月にわたって12通以上の身代金の請求書を送りつけ、リンドバーグは息子を取り戻すために大金を払いました。それにもかかわらず、残念なことにその子の遺体がリンドバーグ家からほど近い場所で発見されたのです。連れ去られた直後に殺されていたのです。警察とFBIは2年がかりで犯人を捕まえました。身代金の一部に銀行の窓口で目立つように特別なマークが付けられていたのです。このお金を見た銀行の窓口の人がFBIに連絡したため、とうとう誘拐犯を見つけることができたのです。

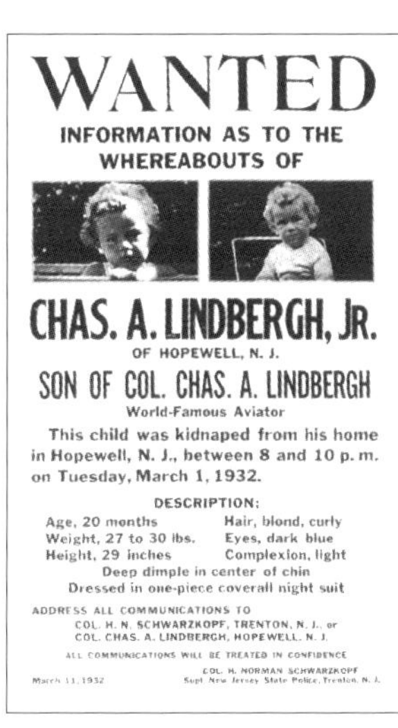

1932年誘拐された子の情報を求めるポスター

この本の中でポアロは、5年前に起きたデイジー・アームストロングの誘拐事件のことを細部にわたって驚くほどよく記憶していました。このアームストロング事件とリンドバーグの事件にはいくつかの類似点があります。本書では、父親のアームストロング大佐は、「戦争の英雄で、当時アメリカで人気

Armstrong, had been a "war hero who was married to the daughter of Linda Arden, a famous American actress at the time." (page 64). In real life, Lindbergh was a famous pilot and his wife was the daughter of the US Ambassador to Mexico. In both the book and real life, a large amount of money was paid in ransom, but the child was killed anyway. In the book, the baby's French nanny was suspected of being involved with the kidnapping. She killed herself, though later is shown to be innocent. Sadly, this part of the story was also based on fact. An English maid of the Lindbergh family was suspected by the police and she killed herself. Later, it was discovered that she had had nothing to do with the kidnapping.

One big difference between the Armstrong case and the Lindbergh kidnapping is what happens to the killer. In the real-life case, a man named Bruno Hauptmann was put on trial, found guilty and put to death in 1936 for the murder of Charles, Jr. In the book, Cassetti (Ratchett's real name) has powerful friends who pay to 'fix' the trial and he is found not guilty. He then changes his name and leaves America. (page 62) In the book, Mr. MacQueen is the son of the lawyer who failed in the trial against Cassetti, which gives him a motive to get revenge. (page 74)

Another big difference, fortunately, was that the parents of Charles Lindbergh, Jr. did not die soon after their son. They had five more children and flew around the world together, with Anne as the navigator and Charles the pilot. Anne Morrow Lindbergh went on to write many books about their trips, as well as a best-selling inspirational book, *Gift from the Sea*. Charles Lindbergh received a Pulitzer Prize for his book about his 1927 solo flight, *The Spirit of St. Louis*.

*The name Charles was often shortened to Chas in signs and posters.

を博していた女優のリンダ・アーデンの娘と結婚した（64ページ）」と書かれています。実生活でも、リンドバーグは有名なパイロットで、妻は駐メキシコ米国大使の娘でした。本でも現実でも、身代金として大金が支払われており、それにも関わらず子どもは殺されています。本では、赤ん坊のフランス人乳母が誘拐事件に関与していると疑われ、自殺しました。あとから彼女が無実であることが明らかになったのです。この部分は残念ながら事実に基づいているのです。リンドバーグ家のイギリス人のメイドが警察に疑われて、自殺しているのです。彼女の場合も後から誘拐とは無関係であったことがわかったのです。

アームストロング事件とリンドバーグ事件の大きな違いは、犯人の末路です。実際の事件の犯人、ブルーノ・ハウプトマンは1936年にチャールズ・ジュニアを殺害した罪で裁判にかけられ、有罪の後、死刑になりました。本の方では、カセッティ（ラチェットの本名）の有力な友人が、金を払って裁判で大目に見てもらい、無実になったのです。その後、彼は名前を変えて、アメリカを離れました（62ページ）。マックイーン氏は、カセッティの裁判で負けた検事の息子で、それがラチェットに復讐する動機となっているのです（74ページ）。

もう1点、大きな違いがあります。幸いにもリンドバーグ・ジュニアの両親は、息子の死の直後には亡くならなかったということです。二人はさらに5人の子どもをもうけ、アンがナビゲーター、チャールズがパイロットとして、一緒に世界中を飛び回ったのです。アン・モロー・リンドバーグは、二人の旅について多くの本を書き、その中にはベストセラーになった『海からの贈物』もあります。チャールズも、1927年の単独飛行を書いた『翼よ、あれがパリの灯だ！』でピューリッツァー賞を受賞しています。

*チャールズという名前は、看板やポスターなどでしばしばチャスと略されました。

アガサ・クリスティ年表

年	年齢	出来事
1890	0歳	9月15日、アガサ・メリー・クラリッサ・ミラーとして、イギリスのデヴォンシャー州、トーキーで生まれる。
1895	5歳	父親が投資に失敗し、一家は財政難となる。
1896	6歳	生活費の安い、フランスに滞在する。
1901	11歳	体調を崩した父親が心臓発作を起こして死亡。母親とアガサの生活が始まる。アガサはピアノと歌のレッスンを受ける。
1905	15歳	パリの寄宿学校に留学する。
1907	17歳	ピアニストを夢みたが、人前ではひどく恥ずかしがり屋だったため断念する。
1910	20歳	アガサは母とカイロに向かい、ジェジーラ・パレス・ホテルで3か月過ごす。カイロで社交界デビューをはたす。
1912	22歳	英国飛行隊に志願していたアーチボルド（アーチー）・クリスティと出会う。
1914	24歳	第一次世界大戦勃発。ソールズベリーでアーチーと再会、クリスマスイヴに結婚するがアーチーはフランス戦線へ召喚される。アガサはトーキーの病院で看護助手、薬剤師として働く（～1918年）。戦争中、二人は頻繁に会うことはなかった。
1916	26歳	『スタイルズ荘の怪事件』を完成させ、ここに名探偵エルキュール・ポアロを生み出す。この時は出版社からの採用はなかった。
1917	27歳	『スタイルズ荘の怪事件』の原稿をボドリー・ヘッド社に送る。
1918	28歳	アーチーがロンドンの陸軍省に赴任。11月、第一次世界大戦の終結。
1919	29歳	8月、娘、ロザリンドが生まれる。『スタイルズ荘の怪事件』の出版が決まる。
1920	30歳	長編の処女作となる『スタイルズ荘の怪事件』で作家デビュー。初版2000部を売り切る。
1922	32歳	夫の仕事に同行し、世界一周旅行に出る。

父親はアメリカ人、姉、兄とは歳が離れていたため、子ども時代は一人で過ごすことが多かった。

正規の学校教育は受けず、家庭内で教育を受けた。読書が好きで、空想の世界で遊ぶ子ども時代だった。

この頃から、詩、短編小説などを書き始める。

フランス語を習得。

1900年初め 10代のアガサ

1910年頃 20代のアガサ

薬局勤務を通して、毒薬の知識などを得る。

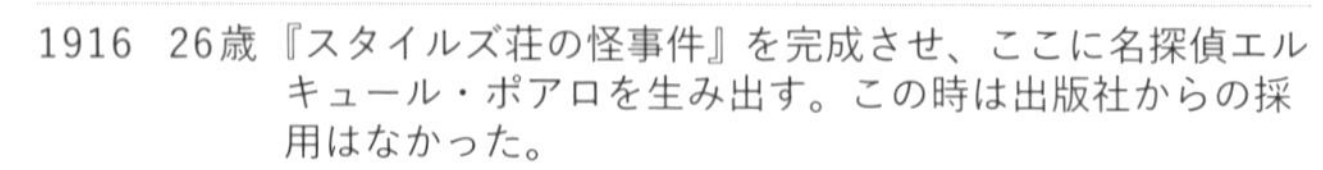

1922年 アーチー・クリスティと32歳のアガサ

1923	33歳	世界一周から帰国。
1924	34歳	購入した家を「スタイルズ荘」と名付ける。
1926	36歳	『アクロイド殺人事件』を発表する。最愛の母クラリッサが死去。アーチーとアガサの関係が破綻し始め、12月に失踪事件を起こす。
1927	37歳	スタイルズ荘を売却。精神科医の治療を受ける。
1928	38歳	アーチーとの離婚が成立。オリエント急行で最初の旅をする。中東に初めて旅行し、ウルの発掘現場などを訪問し、考古学への興味を膨らませる。
1930	40歳	ミス・マープル初登場の『牧師館の殺人』を出版する。2度目の中東旅行。発掘現場で考古学者マックス・マローワンと知り合う。その後、マックスと再婚する。
1931	41歳	マックスに伴い、エジプトに滞在。ルクソールのツタンカーメンの墓などを訪れる。イスタンブールからオリエント急行に乗り、途中、悪天候で立ち往生する経験をする。
1933	43歳	イラクのニネヴェでの発掘調査に同行する。
1934	44歳	『オリエント急行殺人事件』を発表する。エルキュール・ポアロシリーズの8作品目。
1937	47歳	『ナイルに死す』を発表する。
1938	48歳	デヴォン州にグリーンウェイ・ハウスを購入する。
1939	49歳	『そして誰もいなくなった』を発表する。第二次世界大戦が勃発する(～1945年)。
1940	50歳	最後のポアロ物語を書き始める。この作品の出版は35年後。
1941	51歳	ロンドンに移り、大学病院の薬局で働く。
1942	52歳	この頃、ポアロ最後の作品、ミス・マープル最後の事件の原稿を執筆。
1943	53歳	『そして誰もいなくなった』の劇場初演を迎える。
1945	55歳	『そして誰もいなくなった』がアメリカで映画版が制作される。
1948	58歳	マックスのイラクへの発掘調査に同行する。
1950	60歳	王立文学協会のフェローとなる。
1954	64歳	アメリカ探偵作家からグランド・マスターズ賞を受賞する。
1956	66歳	女王からCBE(大英勲章3位)を叙勲。
1960	70歳	マックスがCBE(大英勲章3位)を叙勲。

1932年、アメリカで、リンドバーグ愛児誘拐事件起こる。初の大西洋単独無着陸飛行に成功したチャールズ・リンドバーグの2歳にならない長男が営利目的で誘拐され殺害される。

1964年9月 オランダ
スキポール空港にて
74歳のアガサ

1968	78歳	夫マックスが、考古学の分野で貢献を認められ、ナイトの称号を得る。
1970	80歳	80冊目のミステリー『フランクフルトへの乗客』を発表する。
1971	81歳	DBE（大英勲章２位）を勲章。
1973	83歳	心臓発作により、作家活動は中止される。
1974	84歳	『オリエント急行殺人事件』の映画版の初日に姿を見せたが、これがアガサの最後の公の場となった。
1975	85歳	戦争中に執筆していたポアロ最後の事件『カーテン』が発表される。
1976	86歳	1月12日､85歳で静かに息を引き取る。ウォーリングフォード近郊のチョルシーにあるセント・メアリの教会に埋葬される。戦争中に書いていたミス・マープル最後の事件『スリーピング・マーダー』が出版される。

オリエント急行路線図

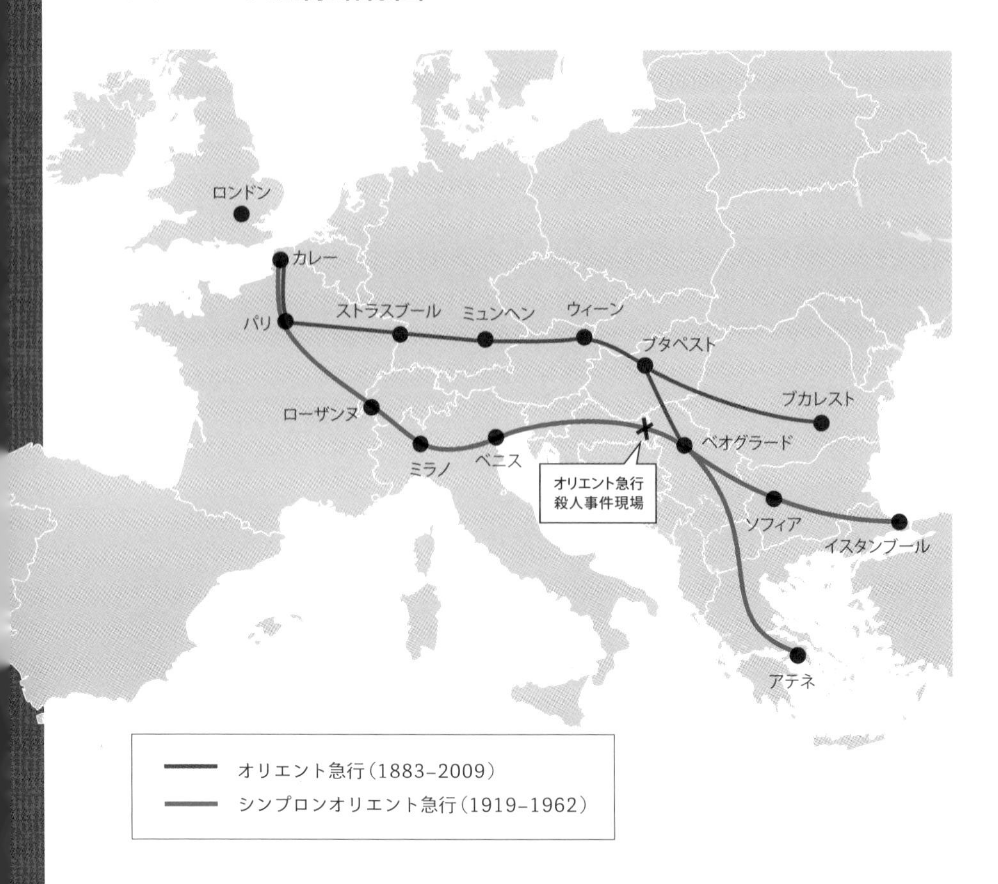

Murder on
the Orient Express

PART I

Chapter 1 （日本語訳☞ p. 162）

（日本語訳☞ p. 162）

The Taurus Express

TRACK 01

Hercule Poirot stood on the train platform in Aleppo, Syria, in the freezing cold. He ①had been in Syria to conduct a private investigation. ②Now that he was finished, he was on his way home to England by land. ③The Taurus Express, the train that would take him to Istanbul, was set to depart ④in five minutes.

Poirot boarded the train and the conductor showed him to his sleeping compartment.

"I suppose there aren't many people traveling in this weather," observed Poirot.

"⑤No, sir," said the conductor. "We only have two other passengers—both English. A colonel traveling from India and a governess from Baghdad."

The train was warm, and Poirot was tired. He immediately fell asleep.

❧

Poirot woke at around 9:30 a.m. and went to the dining car ⑥for coffee. A young woman was there, ⑦eating her breakfast. She was slender and pretty, with dark hair. She ⑧looked to be in her late twenties.

In a few minutes, a tall man about forty years old entered. He bowed to the young woman.

"Good morning, Miss Debenham," he said. "May I join you?"

"Please, sit down."

The colonel and the lady both noticed Poirot but did not greet him.

Chapter 1

① had been と**過去完了**が使われていることから、ポアロが「寒い駅に立っていた」以前からシリアにいたとわかる。

② 「もはや～なので」の意味の **now that~** で、理由や結果を表す。この now は接続詞。ポアロはシリアでの調査を「終えたので」、イギリスに帰ろうとしている。

③ the Taurus Express と the train...to Istanbul は**同格**で、2つが同じものであることが示されている。

④ この **in** は、「～後(に)」の意味で、時間の経過を表す。「5分後に」タウルス急行が出発することを表している。

⑤ この No,... は、直前のポアロの発言にある、...there aren't many people...という**否定**の内容を「そうです(旅行する人は多くありません)」と肯定している。

⑥ この **for** は「～を求めて」という追求や獲得目標を表す用法。寝起きのポアロが、コーヒーが飲みたくて食堂車に向かったことがわかる。

⑦ eating は**分詞構文**で、「～を食べながら」の意味。直前に and she was が省略されていると考えるとわかりやすい。女性はその時、朝食を食べている最中だった。

⑧ 「(主語が～に)見える」の意味の **look**。You look great.(元気そうだね)のように、直後に形容詞や過去分詞が続くことも多い。

WORDS

□conduct [動](調査などを)行う □investigation [名]捜査 □depart [動]出発する □compartment [名](列車の)客室 □colonel [名]大佐 □governess [名]女性家庭教師 □in one's late twenties 20代後半で □notice [動]気がつく

Poirot saw them again at lunch and ⑨amused himself by listening to them ⑩without appearing to be paying attention. ⑪It was clear to Poirot that the colonel had feelings for the lady but was trying to hide them.

"Ah, train travel," thought Poirot. "It is a dangerously romantic thing."

That night they arrived in Konya. ⑫The two English passengers went out to the platform ⑬for fresh air. ⑭Thinking it was a good idea, Poirot followed. He was just coming upon the two of them when he ⑮heard Arbuthnot speaking.

"Mary, I wish you ⑯were out of all this—"

"Not now," she interrupted. "When it's all over. When it's behind us, then—"

Poirot turned away.

"Curious," he thought as he walked away.

The next evening, they arrived in Istanbul. Poirot was tired from the journey and went straight to the Hotel Tokatlian without seeing any ⑰more of the other two passengers.

Chapter 2 (☞ p. 163)

TRACK 02

The Tokatlian Hotel

When Poirot arrived at the hotel, he was surprised to find a telegram for him from England. It said he was needed in a case. He had to return to England as soon as possible.

Poirot was disappointed. He ①had planned to stay several

⑨ **amuse oneself**で「楽しむ」。ここではポアロが、2人の会話に屈託なく耳を傾けている様子が伺える。

⑩ **without -ing**（動名詞）で、「～せずに」の意味。

⑪ 文頭のitは形式主語で、that以下の節の内容を表している。「大佐が女性に複雑な感情を抱いているのに隠そうとしていることが、ポアロには明らかだった」の意味。

⑫ ここまでに登場した氏名不明のcolonel（大佐）とMiss DeBenhamというgoverness（家庭教師）の2人をまとめて**パラフレーズ（言い換え）**した表現。

⑬ p.34の⑥の**for**と同じ、「～を求めて」の意味。ここでは「（新鮮な空気）を求めて」。

⑭「～と考えたので」という理由を表す**分詞構文**。Since he thought...と言い換えられる。「（それもいい）と考えたので、ポアロも同じことをした」。

⑮「**知覚動詞**hear + 目的語 + -ing」で、「～が…しているのを聞く」。目的語の後には、-ing、過去分詞または原形（不定詞）が来る。

⑯ wereは**仮定法過去**で、現在の事実とは逆であることを表す。「（あなたがこの状況から）逃れていてくれたらよかったのだが」と、すでに「巻き込まれてしまっている」ことを意味している。

⑰ この**more**は名詞で、「それ以上のこと・もの・人」の意味。ここでは、ホテルに直行したポアロが、他の2人にそれ以上会わなかったことを表している。

Chapter 2

① had planned は**過去完了**で、「（イスタンブールに到着する）前に計画していた」の意味。

WORDS

□have feelings for ～が好きだ　□come upon（偶然に）出くわす　□interrupt［動］（言葉などを）さえぎる　□turn away 背を向ける　□curious［形］興味をかきたてる　□go straight to ～に直行する　□telegram［名］電報　□case［名］事件

days in Istanbul to see the sights, but he would have to leave immediately. He ②asked the front desk if there were any tickets available on the Orient Express—the train that would take him to England.

"Yes, sir," said the man at the desk. "Nobody travels this time of year. There should be plenty of space. The train ③leaves at nine o'clock."

Poirot glanced at his watch. ④It was eight. At least he would have some time for dinner.

Just as he sat down in the restaurant, Poirot felt a hand on his shoulder.

"My old friend!" ⑤cried a voice behind him.

It was Mr. Bouc, the director of the International Company of Wagons Lits. He was Belgian, like Poirot, and they had known each other for years since Poirot was still working for the Belgian Police.

"Bouc!" Poirot cried. "⑥How wonderful to see you!"

Poirot explained he had just bought a train ticket to England.

"We ⑦shall travel together!" said Bouc.

As the two friends ate dinner and talked of old times, Poirot looked around the restaurant. Two men ⑧seated together caught his attention: ⑨one about thirty years old and one about sixty. Both seemed to be American. The young one looked pleasant, but the older man had an evil look to his eyes. It bothered Poirot.

After dinner, Poirot and Bouc went to the train and discovered—⑩to their shock—that it was completely full.

"Impossible!" cried Bouc. "Is there ⑪some party or event I don't know about?"

"No, sir," said the conductor. "Many people just happened to be traveling tonight."

② **ask someone if ~**は「人に～かどうか尋ねる」の意味。ここではThe front desk（ホテルのフロント）が人に見立てられている。

③ 習慣や反復、変わらない事実を表す**現在時制**。列車がいつも変わらず9時に発車することを表している

④ **非人称のit**で、ここでは時刻を表している。

⑤ 本来は、a voice criedだが、直接話法の伝達部では主語と動詞の語順が**倒置**されやすい。

⑥ **howで始まる感嘆文**で、「あなたと会えるとは何と素晴らしい！」の意味。ここではwonderfulの後にit isという「主語＋動詞」が省略されている。

⑦ この**shall**は未来・意志を表す、主にイギリス英語での用法。

⑧ **過去分詞の後置修飾**で、seatedの直前にwho wereが省略されていると考えるとわかりやすい。

⑨ **two menを修飾（説明）する不完全な節**で、2つのoneの後にそれぞれwasが省略されていると考えるとわかりやすい。「ひとりは30歳くらいで、もうひとりは60歳くらい」。

⑩ 文の途中に**to one's shock**（驚いたことに）を入れ（**挿入句**）、説明を加えている。to one's surpriseとほぼ同義。

⑪ 可算名詞の単数形の前で使われる**some**は「何らかの」の意味を表す。

WORDS

□see the sights 観光する □this time of year この季節 □glance［動］ちらりと見る □old friend 昔なじみ □wagon lit 寝台車 □talk of ～のことを話す □bother［動］～にいやな思いをさせる □to one's shock 驚いたことに □just happen to たまたま～する

"Well, you must find room for this gentleman," said Bouc. "He is my friend."

After some work, the conductor found a room, the No. 7, that could be shared with the [12]occupying passenger.

Poirot was led to room No 7. [13]Inside was the young American he had seen at the restaurant.

"I'm very sorry, sir," said Bouc to the surprised American. "There are no other seats. I'm afraid you'll have to share with Mr. Poirot."

With that, Bouc walked out.

"I'm lucky to be friends with the director of the train company!" thought Poirot.

[14]Repeating that he was sorry, Poirot introduced himself. The American introduced himself as MacQueen and shook Poirot's hand. Just then, the whistle blew, and they were off.

(☞ p. 164)

TRACK 03

Poirot Refuses

Poirot met Bouc in the dining car for lunch the next day. The food on the train was very good, and after Poirot had finished, he leaned back [1]to enjoy his full feeling.

"The train is a very romantic way to travel, [2]don't you think?" said Bouc. "It brings together all kinds of people—people of all countries, all classes, all ages."

Bouc was right. Poirot took a moment to study the other

⑫ **現在分詞の形容詞用法**で、動詞occupyの現在分詞形occupyingが、直後のpassengerを修飾し、「(部屋をすでに)占有している乗客」の意味を表している。

⑬ 補語のinsideが強調のために文頭に出て、語順が**倒置**されている。The young American (he had seen at the restaurant) was inside. が本来の語順。

⑭ 主節の述語動詞(introduced)と並行して、謝罪を繰り返す様子を**分詞構文**(**付帯状況を表す**)で表現している。「〜を繰り返しながら」の意味。

Chapter 3

① **to不定詞の副詞用法**で、ここではand (he) enjoyed(そして楽しんだ)という「結果」を表している。

② don't you think?は、「そう思いませんか?」の意味。ここでは、このフレーズを補足的に付け加えたとも、Don't you think the train is a very romantic way to travel? の主節と従属節を倒置したとも解釈できる。機能的には、The train is a very romantic way to travel, isn't it?という付加疑問文と同じ。

WORDS

□occupy [動] (場所などを)使用する □I'm afraid ~. すみませんが〜です。 □walk out 歩き去る □be off 走り出す □refuse [動] 〜を断る □lean back 後ろにもたれる □full feeling 満腹感 □take a moment to 時間をかけて〜する □study [動]観察する

passengers on the Orient Express.

③At one table sat three men. ④One was a large Italian man, another was a neat Englishman who wore glasses, and the other was an American wearing a brown suit. The American and Italian were talking about business, and the Englishman was quietly looking out the window.

⑤At the next table was one of the ugliest old ladies he had ever seen. She was covered in jewels and wore a beautiful fur coat.

"That is Princess Dragomiroff," said Bouc in a low tone. "She is Russian and very rich."

At another table Mary Debenham was sitting with two women. One was a tall woman with pale hair. She wore cheap clothes and her long face looked rather like a ⑥sheep's. The other woman was an older, healthy-looking American who ⑦had been talking for a long time about her daughter.

At the next table, Colonel Arbuthnot was sitting alone. At the back of the dining car was a woman ⑧dressed all in black. Next to her was a handsome couple laughing together—a man about thirty with broad shoulders, and a beautiful girl dressed in the latest fashion.

"She is pretty," said Poirot. "Are they husband and wife?"

"Yes, from the Hungarian Embassy, I believe," said Bouc.

The last two people in the dining car were the young American, MacQueen, and the evil-looking Mr. Ratchett. MacQueen had told Poirot last night that he was Ratchett's secretary.

Table by table, the dining car emptied. Soon, Poirot, Ratchett, and MacQueen were the only ones left. Ratchett said something to MacQueen, ⑨who got up and left the car. Then to Poirot's surprise, Ratchett came and sat at his table.

③ １つのテーブルに座っていることを強調するために at one tableという副詞句が文頭に出て、語順が**倒置**されている。Three man sat at one table. が本来の語順。

④ 3つの要素を1つずつ挙げていくときの決まったパターン。1つ目にone、2つ目にanother、３つ目にthe other を使う。要素が4つ以上の場合にはanotherを繰り返し、最後に残った1つをthe otherで言い表す。

⑤ at the next table が強調のために文頭に出た**倒置**。

⑥ **独立所有格**で、名詞の反復を避けるための用法。sheep's face の face を省略した形。「(彼女の長い顔は)羊の顔(のようだった)」

⑦「先ほどからずっと話している」という継続の意味を表す**過去完了進行形**。過去時制がベースの文章中で継続を表すときに用いられる形。

⑧ **過去分詞の後置修飾**で、dressedの直前にwho wasが省略されていると考えてもよい。

⑨ who以下の節が、先行詞(ここではMacQueen)に説明を付加する**関係代名詞の非制限用法**。下線部はand he got up and left the carと言い換えられる。

WORDS

□ugliest［形］ugly(醜い)の最上級　□be covered in ～でおおわれている　□pale［形］色がうすい　□rather like ～に似ている　□dressed all in black 黒ずくめの服装をしている　□embassy［名］大使館　□I believe たしか～だ　□evil-looking［形］人相の悪い　□secretary［名］秘書　□A by A Aごとに

"My name is Ratchett," he said. "I believe you are Mr. Hercule Poirot."

Poirot bowed slightly.

"I know your work, Mr. Poirot," said Ratchett, "and I have a job for you."

"I'm afraid that I take very few cases these days," said Poirot.

"But this is [10]for big money," he said. "*Big* money. I am a very rich man, and men in that position have enemies."

Poirot was silent.

"My life has been threatened, Mr. Poirot. Now, I'm [11]a man who can take care of himself." From his coat pocket Ratchett pulled out a gun and showed it for a moment. He continued, "But [12]it's wise to be sure about one's safety. I think you can help me."

Poirot studied the man's small, evil eyes.

"I'm afraid that I cannot help you," he finally said.

"I'll pay [13]whatever you want," said Ratchett.

Poirot stood up.

"You don't understand. [14]It's not about money. I simply do not like you."

With that, Poirot walked out of the dining car.

(☞ p. 165)

TRACK 04

A Cry in the Night

The Orient Express pulled into Belgrade station at 8:30 p.m. and would not depart until 9:15. Poirot took the moment to stretch his

⑩「～と引き換えに」。交換・金額を表す **for** の用法。

⑪ a man who can take care of himself は「自分の身を守れる男」の意味で、**関係代名詞の制限用法**が使われている。who以下の節が先行詞（ここではa man）を意味的に制限（限定）している。

⑫ **it is ～ to do** の it は形式主語で、ここではto be sure about one's safety（人の安全を確保すること）を表している。

⑬ **複合関係代名詞whatever** は「～のものは何でも」の意味。ここではwhateverが導く節全体がpayの目的語となっていて、whatever you wantで「いくらでも欲しいだけ（の金額）」。

⑭ **状況のit** で、ポアロがラチェットの依頼を断った状況を指している。

WORDS

□slightly ［副］わずかに □work ［名］職業、業績 □very few ほとんどない □enemy ［名］敵 □threatened ［形］危険におびやかされている □take care of oneself 自分で自分の身を守る □pull out 取り出す □be sure about ～に確信を持っている □whatever ［代］～するならなんでも □pull into （電車が）駅に入る

legs. Outside, the conductor was getting some exercise also. He stopped ①to talk to Poirot.

"The extra sleeping car from Athens has been added to the train. Mr. Bouc has moved to it, and we will move you into his old room," he said.

Poirot thanked the conductor and ②went to thank Bouc.

"I'm sorry to cause such trouble," said Poirot.

"Not at all! I'm very happy here. This car is peaceful. There's only me and one Greek doctor."

Poirot discovered that his new room was next to ③Mr. Ratchett's, and ④beyond was the room of the old American woman, Mrs. Hubbard. She was in the hall ⑤talking with the Swedish lady.

MacQueen entered the car. Poirot stopped him for a moment ⑥to explain that he had moved to a new compartment. MacQueen shook his hand and moved on.

Mrs. Hubbard turned to Poirot when the sheep woman left.

She said in a low voice, "You'll think I'm a fool, but I'm afraid of the man in there," she said, pointing to Ratchett's door. "He looks evil. I thought I ⑦heard him trying my door handle last night. Dear me! I even put my suitcase against the communicating door last night! Well, I suppose I'll go to bed."

"Good night, madam," said Poirot with a bow. He went to his room and fell asleep immediately.

Poirot woke in the middle of the night. Someone had cried out somewhere nearby. At the same time, the room-service bell rang sharply.

Poirot got out of bed, opened the door, and looked out. The train was standing still—it was probably at a station. The conductor ⑧came hurrying down the hall and knocked on Ratchett's door. Poirot watched.

Chapter 4

① **to不定詞の副詞的用法**で、ここでは and he talked（そして話し掛けた）という「結果」とも、「話し掛けるために」という目的とも取れる。直前にある動詞 stop は、stop to do と stop -ingの2つの語法を持つ。stop -ingなら「～するのをやめる」の意味。

② **go to do**は「～しに行く」の意味。このtoは行き先を表すのではなく、to不定詞を構成するもの。thank Bouc（ブークに礼を言う）とあるので、行き先がブークのところであることは自明。

③ 名詞roomの反復を避けるために、**独立所有格**の Mr. Ratchett'sが使われている。

④ beyondを強調するための**倒置**。

⑤ **分詞構文**で「話しながら」の意味。

⑥ and he explained（そして説明した）という「結果」の意味を表す**to不定詞の副詞的用法**。

⑦ hearは**知覚動詞**。hear ～ -ingで「～が…しているのを聞く」の意味。

⑧ **come -ing**で「～しながら来る」。came hurrying down the hallで「(車掌が)廊下を急いでやって来た」の意味。

WORDS

□extra［形］追加の　□not at all　とんでもありません　□Greek［形］ギリシャ人の　□beyond［名］向こう　□move on　立ち去る　□try a door handle　ドアの取っ手を回してみる　□Dear me!　まあまあ！《おどろき》　□communicating door　客室間をつなぐドア　□I suppose　どうやら～です　□cry out　叫ぶ　□stand still　静止する

The conductor knocked again. A bell rang and a light showed over another door farther down. At the same moment, a voice from Ratchett's room said in French, "⑨It's nothing. Excuse my mistake."

"Yes, sir," said the conductor, and he hurried to the other room that rang.

Poirot went back to bed. He glanced at his watch. ⑩It was twenty minutes to one.

Chapter 5 (☞ p. 166)

The Crime

TRACK 05

Poirot found ①it difficult to sleep again. There were many noises in the room next door—②running water, then splashing water, then someone moving around. Footsteps passed up the hall. Then there was the ting! of somebody ringing the bell. It continued—ting! ting! ting! ③It must be an important matter, ④thought Poirot.

There were rushing footsteps up the hall, and then the voice of Mrs. Hubbard ⑤speaking to the conductor. She complained loudly and long about something, and finally Poirot heard the conductor say, "Good night, madam."

Poirot's throat felt dry and he rang the bell. The conductor came. He ⑥looked hot and worried.

"A bottle of water, please," said Poirot. When the conductor brought him the water, something in Poirot's kind manner made the conductor speak of his troubles.

⑨ **状況のit**で、ベルが鳴った状況を指している。

⑩ **時間のit**で「1時20分前」という時刻を指している。

Chapter 5

① このitは、to sleepというto不定詞を指す**形式目的語**。

② 文前半のmany noisesの内訳を説明しているので、noises of water, then (of) splashing water, then (of) someone movingのようにnoises (of)が**省略**されていると考えればよい。

③ **状況のit**で、騒然とする列車内の状況を指している。

④ ここは直前が直接話法ではないが、メッセージの伝達部ということで主語と動詞の語順が**倒置**されている。

⑤ **現在分詞の形容詞用法**で、直前のthe voice of Mrs. Hubbardを後置修飾している。このspeaking to the conductorのように、現在分詞が目的語や補語、修飾語句を伴う場合、名詞(句)の後ろに置かれる。

⑥「～に見える」の意味のlookは、be動詞と同じように補語をとり、「**look＋補語**」の形になる。補語は、ここでのhotやworriedのように形容詞か分詞。

WORDS

□show over ～の上に見える □farther down より向こうに □excuse [動]許す
□crime [名]犯罪(行為) □find it difficult to ～しがたい □run [動](水などが)流れる
□pass [動]通り過ぎる □ting [名]リンリン(という音) □kind manner 親切な態度

"The American woman!" said the conductor. "She insists that there was a man in her room! In a small space like this, how can somebody hide? We already have enough troubles with this snow—"

"Snow?"

"Yes, we ran into a snowdrift."

That explained why the train [7]had stopped.

"[8]Who knows how long we'll be here?" said the conductor. "I was caught in snow for seven days once."

Poirot said good night, drank his water, and was just falling asleep [9]when something heavy fell against his door.

He jumped up and opened the door. But there was nothing there. A woman in a red dressing gown was walking away, and the conductor was seated on his little seat at the other end.

"I must be imagining things," thought Poirot, and he went back to bed. This time, he was able to sleep.

The next morning, there was a lot of talk in the dining car. The train was still stopped and the passengers were all complaining to each other.

One of the Wagon Lit conductors approached Poirot.

"Mr. Bouc would like to speak to you, sir," he said.

Poirot followed the conductor to Bouc's room in the almost-empty Athens car. Inside, Bouc was sitting with a small man and the conductor of the Istanbul-Calais car.

"My friend! We need your help," said Bouc. "Things happened last night. First, we had this snow. And second…well, [10]Mr. Ratchett was found murdered, stabbed in his bed!"

Poirot's eyebrows rose high.

"This is serious," he said.

"Indeed. We do not know how long we'll be stuck in the snow.

⑦ had stoppedは**過去完了**で、「すでに停車していた」の意味。

⑧ Who knows ～? は**反語の疑問文**で、「誰が知っているのか＝誰も知らない、誰にもわからない」の意味。

⑨ **副詞節を導く接続詞when**で、過去進行形や過去完了などの節の直後に続き、「～しているとき、～するとすぐに」の意味を表す。このwhenに導かれる副詞節の内容は通例、書き手・話し手にとって思いがけない事柄となる。ここでは、眠りに就こうとしていたポアロにとって予期せぬことが起こったことがわかる。

⑩「**find＋目的語＋補語**」の構文（～が…であるのを見つける）がここでは受動態で用いられ、「ラチェット氏が殺されている、刺されているのが見つかった」の意味を表している。

WORDS

□snowdrift ［名］雪の吹きだまり　□be caught in （悪天候等に）巻き込まれる　□dressing gown ドレッシングガウン、部屋着　□end ［名］端　□almost-empty ［形］ほとんど空っぽの　□murder ［動］殺害する　□stab ［動］刺す　□be stuck in ～で身動きがとれない

Usually when we pass through a country, we have the police of that country on the train. But here in Yugoslavia, with the political situation, no. Do you understand?"

Poirot nodded.

"Dr. Constantine here"—the small man nodded—"says that death occurred between midnight and two last night."

"The window was [11]wide open," said Dr. Constantine. "I thought maybe the murderer escaped that way. But [12]if someone had jumped out the window, you would see footprints in the snow. There were none."

"How was the crime discovered?" asked Poirot.

The conductor replied.

"I went to check on Mr. Ratchett [13]when he did not come for breakfast. I [14]tried to open his door, but it was locked from the inside with the chain. There was no answer and it was very cold. An attendant and I broke the chain and went in. Oh! It [15]is too terrible!"

"Ratchett was stabbed twelve times," said the doctor, "in a very strange way. Some wounds were deep, and others were very light. It was as if the murderer simply closed his eyes and stabbed blindly again and again."

"Mr. Ratchett spoke to me yesterday," said Poirot. "He said his life was in danger."

"My friend, I must ask for your help," said Bouc. "We'll give you everything you need to look into this matter properly."

"Of course," said Poirot. "I will do everything I can. First, tell me what other passengers are on this train."

"In this car [16]it is only Dr. Constantine and myself. [17]In the car from Bucharest is an old gentleman with a bad leg. Beyond that, there are other cars, but they were locked after dinner last night.

⑪ wideにはwidelyという副詞形もあるが、wide自体が、「完全に、いっぱいに、大きく」の意味の**副詞**としても使われる。「(窓が)大きく(開いていた)」の意味。

⑫ **仮定法過去完了**で、過去の事実に反する仮定。直後にThere were none.([足跡が]一つもなかった)と言っているので、下線部が事実ではないという前提で話していることがわかる。

⑬ 接続詞whenは、「～だから、～であることを考えて」の意味の**理由・根拠・譲歩**を表す。「(朝食に来なかった)ので、(ラチェットの部屋に見に行った)」。

⑭ **try to do**(～しようとする)はtryがto不定詞を導く形で、試みだけが表現され、実行・実現に至るかどうかまでは伝わらない。ここでは、ドアを「開けようとした」が、実際には開かなかったと書かれている。一方、try -ingの形で動名詞を続けると「実際にやってみる」の意味を表し、実行・実現が含意される。

⑮ **過去の代用としての現在形**で、過去の事柄を眼前で起きているかのように臨場感を持たせて伝える用法。「歴史的現在」とも呼ばれる。殺人事件の恐ろしさが臨場感を持って表現されている。

⑯ 車両内に2人(コンスタンチン医師と自分)だけだという**状況**を**it**が指している。

⑰ 補語のin the car from Bucharestが強調のために文頭に出て、語順が**倒置**されている。

WORDS

□political situation 政治情勢　□footprint [名]足跡　□check on ～を調べる
□as if あたかも～かのように　□murderer [名]殺人者　□simply [副]ただ単に
□in danger 危険な状態にある　□look into ～を調査する　□properly [副]適切に

In front of the Istanbul-Calais car ⑱there is only the dining car."

"Then it seems," ⑲said Poirot, "that the murderer is on the Istanbul-Calais car. I must interview everyone. Please give me everybody's passport and access to the dining car ⑳to do this job."

Chapter 6 (☞ p. 168)

TRACK 06

A Woman?

Poirot decided the first person to be questioned should be Ratchett's secretary. He called MacQueen into the train car.

MacQueen appeared at the door with a look of curiosity.

"What can I do for you gentlemen?" he asked.

"Something happened last night," said Poirot. "Your employer, Mr. Ratchett, is dead!"

"They got him after all!" cried out MacQueen.

This time Poirot looked at him with curiosity.

"What do you mean?"

"He was murdered, wasn't he?"

"Yes. I am the detective ①investigating this case," said Poirot. "How did you know Ratchett was murdered?"

"I've been employed by Ratchett for a year," said MacQueen. "He was American, like me. We met in Persia, and Ratchett offered me a job as his secretary. I accepted and we've been traveling ever since. He needs me because he doesn't speak any languages. ②In the past week, he's received two letters ③threatening his life. I can show them to you."

⑱ **「there is構文」の特殊用法**。「～がある」の意味を表す「there is構文」は聞き手・読み手にとっての新情報を提供するためのものなので、通例、be動詞の後にthe、this、that、one'sが付く名詞は来ないが、ここはその例外に当たる特殊用法。the dining carとtheの付いた旧情報(聞き手がすでに知っている情報)がisに続けられているのは、「唯一の存在」である食堂車を聞き手に思い出させる意図を反映している。

⑲ 直接話法の引用部(" "で囲まれたせりふの部分)が長い場合、伝達部の主語+動詞(said Poirotのように通例、語順が**倒置**される)が引用部の途中、特に前半部に挿入されることが多い。

⑳ **to不定詞の副詞的用法**で、ここでは「～するために」という目的を表している。

Chapter 6

① investigating this caseで「この事件を捜査している」の意味。直前のthe detectiveを後置修飾する**現在分詞の形容詞用法**。

② **the past** ～の形で「過ぎたばかりの～、ここ～」。the past weekで「ここ1週間」の意味。the past ～は通例、現在完了形とともに使われる。

③ threateningは、直前のtwo lettersを後置修飾する**現在分詞の形容詞用法**。

WORDS

□interview [動]面接する □access [名]利用する権利 □curiosity [名]好奇心
□employer [名]雇い主 □get someone ～をやっつける □after all ついに
□detective [名]探偵 □ever since 以来ずっと

MacQueen went out and returned in a few minutes with two letters. The first one ④read,

"⑤*Thought you could cheat us and get away with it? Not on your life. We're going to GET you, Ratchett!*"

The second letter read,

"⑥*We're coming for you soon. We're going to KILL you!*"

"I see," said Poirot. "How did Ratchett react to these?"
"He just laughed in his quiet way. But I felt he was afraid under the quietness."
"Did you like ⑦your employer, Mr. MacQueen?"
MacQueen thought for a moment.
"No."
"Why?"
"Well, he was always decent to me, but I distrusted him. He was, ⑧I'm sure, a dangerous man. I don't think Ratchett was his real name. I think he was traveling through Europe because he had to leave America—I think he was running from something."
"I see. One other thing—when did you last see Ratchett alive?"
"Last night, around ten. I went into his room to write some notes for him."
"Thank you, that's all for now," said Poirot, and MacQueen left the room.
"Do you believe him?" asked Bouc.
"He seems honest. He openly admitted to not liking Ratchett without any fear or guilt," said Poirot. "But I suspect everybody until the last minute."
"Yes," said Bouc, "only a hot-blooded, crazy person ⑨would do something like that. Or, of course, a woman!"

④ **自動詞read**で「書いてある、(〜と)読める」。3行下のreadも同じ。

⑤ Did you think you could ...?が完全な形だが、文頭のDid youが省略されたことで、thinkがthoughtと過去形になっている。

⑥ **近未来を表す現在進行形**で、「すでに行動を開始している」というニュアンスがある。なお、come for 〜は「(危害を加える目的で) 〜のところへ行く」の意味。

⑦ Ratchettを、your employerという相手にとっての立場を表す表現で**パラフレーズ(言い換え)**している。

⑧ I'm sure (間違いない)という節を副詞的に文中に**挿入**したとも、直前のHe wasとの順序を**倒置**したとも解釈できる。後者なら、文全体が複文ということになる。

⑨ このwouldは**仮定法過去**だが、ここではifなどで始まる仮定の節がなく、Only a hot-blooded, crazy person would do something like that.が「あのようなことをする者がいるとすれば、血の気の多い頭のおかしな人物だけだろう」という意味の帰結節として機能している。

WORDS

□read [動]書いてある □cheat [動]いかさまする □get away 逃げる □Not on your life. とんでもない。まっぴらだ。 □come for 〜へ迫ってくる □react [動]反応する □decent [形]適切な □distrust [動]〜に不信感を抱く □I'm sure, 〜だと確信している □run from 〜から逃げる □note [名]手紙、記録 □guilt [名]罪悪感 □hot-blooded [形]すぐにカッとなる

Chapter 7

(☞ p. 170)

TRACK **07**

The Body

Next, Poirot and Constantine went to ①the dead man's room. Poirot noticed immediately ②how cold it was. The window was wide open. Outside was a perfect blanket of snow.

"You're right," he said, "nobody left the room this way."

He shut the window and turned to the body in the bed. Ratchett's pajama shirt had been opened by the doctor.

Poirot leaned closer ③for a good look.

"Twelve wounds," he said.

"One or two wounds are ④so light they are more like scratches," said Constantine. "Yet, at least three could have caused death. And these two wounds, they are deep. But they are clean wounds—they did not bleed."

"What does that suggest?"

"⑤That the man had already been dead a while when these ⑥stabs occurred."

"Very strange," agreed Poirot.

"And this wound here, under the right arm. Take my pencil and try it yourself—could you make such a wound?"

Poirot took the pencil and tried.

"I see," he said. "With ⑦the right hand, it would be very difficult. But with the left hand it's very easy."

"Exactly. That blow was almost certainly struck by the *left* hand. But these other wounds, they were certainly made with the *right*."

"Two people . . . " said Poirot softly. "Are there any other things

Chapter 7

① 本人の立場・属性を表すthe dead manという表現でRatchettを**パラフレーズ**(言い換え)している。

② **間接感嘆文**で、ここでは寒さの程度が大きいことを強調している。

③「～を求めて」。追求・獲得目標を表す**for**の用法。

④ **so ～ that...**(「あまりにも～で…だ」)の構文で、ここではthatが省略されている。「(傷は)浅すぎて引っかき傷と言ったほうがいいくらいだ」の意味。

⑤ 直前のWhat does that suggest?への応答として、文頭にIt suggestsが省略されている。したがって、このthatはthat節の開始を表す接続詞である。

⑥ stabsは「刺し傷」。すでに何度か用いられたwounds(傷)の繰り返しを避けるために**言い換え**られたもの。

⑦ **特定化のthe**で、the right handで「犯人の右手」という特定の人物の右手であることを示している。次の行以降のthe left handやthe rightも同じ。

WORDS

□blanket of 一面をおおい尽くす～ □lean closer 身をかがめる □for a good look よく見るために □wound [名]外傷 □scratch [名]引っかき傷 □bleed [動]出血する □blow [名]一撃 □certainly [副]確実に

that suggest two people might have committed this murder?"

"Well, as I said before, some of these ⑧blows are very weak, and others are very strong."

"⑨Our murderer is strong and weak. He is right-handed and left-handed. Nothing here is clear!" said Poirot. "And our victim lies quiet through the whole event. He did not cry out or defend himself."

Poirot reached under the pillow and found Ratchett's gun, ⑩fully loaded. ⑪On a little table were a few items—an empty glass, a bottle of water, and an ashtray ⑫containing a cigar, some charred paper, and two matches. Constantine picked up the glass and smelled it.

"He was drugged," he said.

Poirot nodded and picked up the two matches in the tray.

"These matches are different," he said. "This paper one was torn out of a book of matches, while this one is wooden."

Poirot ⑬felt in the pockets of Ratchett's clothing. He pulled out a box of wooden matches.

"Ratchett used wooden matches. Let's see if we can find the paper kind."

They searched and found nothing, but Poirot came across a lady's handkerchief on the floor. It looked expensive and had the letter H on it. His sharp eyes went to the floor again and he picked up another item.

"A pipe cleaner! This cannot be Ratchett's, because he does not have a pipe. This clue points to a man, while the handkerchief points to a woman. Certainly, there are too many clues!" said Poirot.

Meanwhile, the doctor ⑭had been checking the pockets of the dead man.

⑧ blowsは「打撃」の意味で、wounds（傷）と、その**言い換え**のstabs（刺し傷）がさらに言い換えられたもの。

⑨ このour murdererは「われわれの目の前の事件を起こした殺人者、われわれが捜し出そうとしている犯人」の意味。**所有格代名詞**ourが「話者たちにとっての共通の目的・対象」を表している。次行のour victimのourも同じ。

⑩ ここでは過去分詞loadedを修飾する副詞fullyとセットでRatchett's gunを**後置修飾**している。直前にwhich [that] wasが省略されていると考えるとわかりやすい。

⑪ a few items were on a little tableの語順が**倒置**されている。on a little tableが強調されているとも解釈できるが、a few itemsに続けてその内訳を示すためにこの語順をとったとも考えられる。

⑫ **現在分詞の後置修飾**で、直前にwhich [that] wasが省略されていると考えてもよい。

⑬ 「**feel** +（方向や場所を表す）**副詞**」で、「手探りで探す」の意味。

⑭ ここでは、ポアロのかたわらで医師の作業が継続していたことが、**過去完了進行形**で表されている。

WORDS

□commit［動］（罪などを）犯す　□victim［名］被害者　□pillow［名］枕　□loaded［形］弾丸を込めた　□charred［形］黒こげの　□drug［動］（人に）薬を盛る　□torn［動］tear（ちぎる）の過去分詞　□tear out of ～からちぎり取る　□see if ～かどうか確かめる　□come across ふと～を見つける　□clue［名］手がかり

"Ah!" he cried. "A watch!"

The watch was broken. Its hands had stopped at 1:15.

"This must be the hour of the crime," said Constantine.

"Yes," agreed Poirot, "but it is all too easy. It's as if these clues were placed here by someone for a reason. This handkerchief—[15]could it have been placed here by a man to [16]make us look for a woman? Or this pipe cleaner—could a woman have placed it here to make us think it was a man?"

Poirot looked at the charred piece of paper in the ashtray again.

"I need a woman's hat box," he said suddenly. He [17]had the conductor bring two hat boxes from rooms where the lady was away. [18]Puzzled, Constantine watched as Poirot opened the boxes and looked under the hats.

"Here!" he cried as he lifted out two balls of metal wire. "In old-fashioned hat boxes, ladies use wire like this to shape their hats. Now I just need my little stove and mustache irons."

Poirot left the room and came back with a pair of irons and a table-top stove that burned alcohol.

Poirot lit the stove. Then he flattened the two pieces of metal wire and gently put the charred piece of paper between them. He picked this up with the irons and held it over the flame.

"Let's [19]hope this works," he said. [20]In a few moments, the metal began to glow. The doctor, [21]who was watching with great interest, began to see letters. Red, glowing words appeared on the metal:

"*—member Daisy Arms—*"

"Ah!" cried Poirot.

"Do those words mean [22]something?" asked Constantine.

"Yes," he said, "I know the dead man's real name and why he had to leave America. His name was Cassetti. But we'll get to that later. For now, let's see if there is anything else helpful here."

⑮「could have＋過去分詞」の形で、**過去の出来事の可能性についての推量**を表す。ここではそれが疑問形となり、「置かれた可能性があるのだろうか？」の意味を表している。次行以降のcould a woman have placed ... も同じ用法。

⑯ make ～ doの形で「～に…させる」。makeは**使役動詞**。次行にも同じ用法がある。

⑰ have ～ doの形で、「～に…してもらう（ように手はずを整える）」の意味。このhaveは使役動詞だが、⑯のmakeほどの強制のニュアンスはない。

⑱ Being puzzled, ...のbeingが省略された**分詞構文**。「コンスタンチンが困惑しながら見ていた」の意味。

⑲ **他動詞hope**が導くthat節内の時制が現在だと、willを用いた未来表現の場合よりも話者・書き手の強い願望が表される。ポアロが、「うまくいってくれ」と強く願っていることがわかる。

⑳ 時間の経過を表す**in**で、「～後（に）」。ここはin a few momentsで「少したつと」の意味。

㉑ 非制限用法の**関係代名詞節が挿入**されている。先行詞が文の主語の場合、このように挿入節の形をとることが多い

㉒ 通例、疑問文や否定文の中ではanythingが用いられるが、疑問文中であえてsomethingを使うと、肯定の応答を期待するニュアンスが出る。ここでもコンスタンチンの問いにポアロがYesと答えている。

WORDS

□hand ［名］（時計の）針　□all too easy 安易な　□for a reason 理由があって　□hat box 帽子箱　□puzzled ［形］困惑して　□shape ［動］形を整える　□stove ［名］コンロ　□mustache iron 口ひげ用のこて　□flatten ［動］平たくする　□work ［動］役に立つ　□letter ［名］文字　□grow ［動］赤熱する　□get to ～に着手する

They looked around the room, and Poirot opened the communicating door to the next room, but it was locked on the other side.

"I still don't understand how the murderer got out," said Constantine. "He didn't go through the window, and the front door was chained from the inside, and this communicating door was locked."

"That," said Poirot, "will be fun to figure out."

Chapter 8 (☞ p. 172)

TRACK 08

The Armstrong Case

Poirot and Constantine returned to Bouc's room, ①where they ②found Bouc drinking coffee.

"We have a good start," said Poirot as he sat down. "We know who Ratchett really was. Do you ③remember reading of the Armstrong baby?"

"A little," said Bouc.

Poirot explained:

"④Colonel Armstrong, a war hero, was married to the daughter of Linda Arden, a famous American actress at the time. They had one child, Daisy. When Daisy was three years old, she was kidnapped. The man who took her demanded a huge amount of money ⑤for her return. Although the family paid, the little girl ⑥was found murdered. At the time, Mrs. Armstrong was pregnant. The shock was too much for her, and both she and the

Chapter 8

① **関係副詞の非制限用法**で、このwhereで始まる節全体をand they found Bouc drinking coffee thereと書き換えることができる。

②「**find＋目的語＋補語**」で、「〜が…であるのを見つける」。ここでは補語にdrinkingという現在分詞が用いられている。「(彼らは)ブークがコーヒーを飲んでいるのを見つけた」の意味。

③ **remember**は目的語に動名詞をとる場合とto不定詞をとる場合で意味が変わる。remember -ingは「〜したことを覚えている」の意味で、ここでは「(アームストロングの赤ん坊の話を)読んだことを覚えている(か?)」。read of 〜は「〜について書かれたものを読む」の意味で、ofの代わりにaboutが用いられることも多い。

④ Colonel Armstrongとa war heroは**同格**で、同一人物を指している。続くLinda Arden, a famous American actress at the timeも、やはり同格。

⑤ この**for**は「〜と引き換えに」の意味で、交換・金額を表す。「(子どもを返すこと)と引き換えに(大金を要求した)」の意味。

⑥「**find＋目的語＋補語**」で「〜が…であるのを見つける」。ここでも、この構文がwas found murderedと受動態で用いられている。

WORDS

□figure out 解き明かす □actress [名]女優 □kidnap [動]誘拐する □demand [動]要求する □pregnant [形]妊娠した □child-birth [名]出産 □shoot oneself ピストル自殺する

baby died during childbirth. Her broken-hearted husband shot himself."

"I remember!" said Bouc. "⑦Wasn't there another death?"

"Yes, a French or Swiss nanny. The police thought she was involved in the crime. In despair, she jumped out a window and killed herself. It was proved afterwards that she was innocent.

"Six months later, Cassetti and his gang ⑧were tried in court. He was on trial ⑨for other kidnappings and murders of children too—⑩it seemed he had made quite a business of it. But Cassetti used his money and connections ⑪to be let go. Then he changed his name to Ratchett and left America ⑫for a life of travel and pleasure!"

"⑬What an animal!" said Bouc.

"Now we must ask, was Cassetti killed by some gang member he had cheated in the past, or was it a personal act?"

"Are there any living relatives of Daisy Armstrong?"

"I don't know. I think Mrs. Armstrong ⑭may have had a younger sister."

⑦「～ではないのか？」という確認の意味を表す否定疑問文。

⑧ **be tried**で「裁判にかけられる」。この意味の場合、原則的にtryが受動態で用いられる。

⑨ 責任や罪状を表す**for**の用法で、ここは「(他の子どもの誘拐や殺人)のかどで」の意味。

⑩ thatは省略されているが、seemedに続くhe had made quite a business of itがthat節で、このitはその節の内容を表す**形式主語**。

⑪ **to不定詞の副詞用法**で、and (he) was let go (そして解放された)という「結果」を表していると考えられる。ここは、「金や縁故を使って無罪になった」ということ。

⑫ 追求・獲得目標を表す**for**の用法。「～を求めて」の意味。

⑬ 文末にhe wasが省略されている**感嘆文**。

⑭「may have＋過去分詞」の形で**過去の出来事についての推量**を表す。ここは、「生前(＝過去)のアームストロング夫人」についての話者の推量。

WORDS

□nanny [名]子守　□in despair 絶望して　□afterwards [副]後に　□be tried in court 法廷で裁判を受ける　□relative [名]血縁者

Murder on the Orient Express

PART II

Chapter 9

(☞ p. 173)

TRACK 09

The Wagon Lit Conductor

Poirot went into the dining car ①to conduct his interviews. On a table was a plan of the Istanbul-Calais car with the names of the passengers in each room. He had the passengers' passports and tickets in a pile, as well as paper and pens.

"Let us begin with the conductor," said Poirot as Bouc and Constantine sat down. "Call him in."

Pierre Michel, ②who had been a Wagon Lit conductor for fifteen years, came to the dining car ③looking worried.

"I hope this sad event will not affect my position here," said Pierre Michel.

"Certainly not," said Poirot. "Please sit. I only have a few questions. First, when did Ratchett go to bed?"

"After dinner."

"Did anybody go into his room after that?"

"Only his valet and Mr. MacQueen."

"Was that the last you saw or heard from Mr. Ratchett?"

"No, sir. He rang the bell at about 12:40, soon after the train stopped for the snow. I knocked on his door but he called out in French that he had made a mistake."

"What were his exact words?"

"Ce n'est rien. Je me suis trompé."

"Yes, that's ④what I heard too," said Poirot. "Then what happened?"

"Another bell rang so I ⑤went to answer it. It was Princess Dragomiroff. She wanted me to call her maid, ⑥which I did."

Chapter 9

① **to不定詞の副詞的用法。**ここでは文脈から、「〜するために」という目的を表していると考えられる。

② **関係代名詞の非制限用法**で、who以下の関係代名詞節がPierre Michelという人物についての補足説明となっている。このように先行詞が固有名詞の場合、原則的に非制限用法となる。

③ このlooking worriedは**分詞構文**で、「心配そうな様子を見せながら」。

④ **関係代名詞what**は、先行詞the thing(s)を含んでいると考えられる。この文はYes, that's the thing which I heard too.（それが私も聞いたことだ）と言い換えるとわかりやすい。

⑤ **go to do**で、「〜しに行く」。

⑥ **関係代名詞の非制限用法**で、続いて起こる事柄を表している。直前の節全体（She wanted me to call her maid）が先行詞だと考えるとわかりやすい。andに置き換えてもよい。

WORDS

□plan ［名］見取り図　□in a pile どっさりと山のように　□affect ［動］〜に影響を及ぼす　□position ［名］職、地位　□valet ［名］付き人の男性　□call out 話しかける　□exact ［形］正確な

"This is a very important question: Where were you at 1:15?"

"⑦At my little seat at the end, facing up the hall. ⑧Except I left the car for a moment. I went into the Athens car to speak to my colleagues about the snow. But another bell rang—it was the American lady. I told you last night about it, sir. After that, you rang for me and I brought you some water. Then about half an hour later I made Mr. MacQueen's bed. He ⑨had been in his room with Colonel Arbuthnot talking."

"What time was all this?"

"I'm not sure, sir, but no later than two o'clock."

"Then what did you do?"

"I sat in my seat until morning."

"Did you see any passengers come into the hall?"

"A woman wearing a red dressing gown walked ⑩down the hall to the toilet, I believe, but I didn't see her face. She was moving away from me."

"Did you ⑪see her return to her room?"

"No. I ⑫may have been answering a bell. You, sir, also looked out into the hall at one point."

"Yes," said Poirot, "I was awakened by the sound of something heavy ⑬falling against my door. Did you see what it was?"

"No, sir," said the conductor, ⑭surprised. "There was nothing."

"I see," said Poirot thoughtfully. "Where was our last stop, and did you get off of the train?"

"It was Vincovci. We ⑮should have left the station at 11:58 p.m., but because of the weather we were twenty minutes late. I got off the train with the other conductors and stood by the door, as I do at every stop."

"If a murderer boarded the train at Vincovci, ⑯could he have left the train after he committed the crime?"

⑦ 冒頭にI wasが省略されている。facing up the hallの部分は**分詞構文**で、ここの主語は冒頭で省略されたIである。どこにいたのかを聞かれたピエール・ミシェルが「(私は)自分の席に通路に向かって座っていた」と答えている。

⑧ **that節を導く前置詞except**で、ここは独立した一文のように書かれているが、正しくは直前の文とつなげて(I was) at my little seat at the end, facing up the hall, except I left the car for a moment.となるべきところ。exceptの直後にthat節の開始を表すthatが省略されている。

⑨ **継続を表す過去完了**で、車掌が寝台を準備するより前から、マックイーンが自室にいたことを表している。

⑩ **副詞down**には、「離れて、向こうへ」の意味があり、物事が話者や基準となる位置から離れていくことを表す。ここではwalked down the hall to the toiletで「(女性が)廊下を車掌のいる場所とは反対の方向にあるトイレへ向かって歩いていった」の意味。

⑪ このseeは**知覚動詞**で、see ～ doで「～が…するのを見る」の意味。

⑫「may have＋過去分詞」の形で、**過去の出来事についての推量**を表す。

⑬ **現在分詞の形容詞用法**で、ここではfalling against my doorという句が、直前のsomething heavy（何か重たいもの）を後置修飾している。

⑭ being surprisedのbeingが省略された**分詞構文**。

⑮「should have＋過去分詞」の形で、「～すべきだったのにしなかった」という、過去に何らかの義務が果たされなかったことを表す。「(午後11時58分には駅を)出発するべきだった(のにしなかった)」の意味。

⑯「could have＋過去分詞」の形で、**過去の出来事の可能性についての推量**を表す。ここではそれが疑問形で用いられ、「(犯行後に列車から降りることは)できたのだろうか？」の意味になる。

WORDS

□face up　顔を向けて　□colleague ［名］同僚　□make someone's bed　～のベッドを整える　□move away from　～から離れる　□at one point　一時　□awaken ［動］目を覚まさせる　□last stop　最後の停車駅

Pierre Michel shook his head.

"He could not be hiding on the train either," he said. "We have searched everywhere."

"Thank you, Pierre Michel. You've been very helpful."

Chapter 10

(☞ p. 174)

TRACK 10

The Secretary

When the conductor left, Poirot turned to his colleagues.

"Let's question MacQueen again to clear some things up," he said.

①The young man arrived quickly.

"You were right, Mr. MacQueen. Ratchett was a false name," Poirot announced. "He was actually Cassetti—the man who murdered Daisy Armstrong."

MacQueen's eyes opened wide.

"That dirty animal!" he cried. "Then he got ②what he deserved! Such a man doesn't deserve to live!"

"You feel strongly about this, Mr. MacQueen?"

"Yes," he said, ③trying to calm down. "You see, my father was the lawyer who handled the case. I met Mrs. Armstrong several times—she was a lovely, gentle woman." There was true sadness in his eyes.

"How did you find out Ratchett's identity?" MacQueen asked after a moment.

"By a letter found in Ratchett's room."

Chapter 10

① 本人の特徴を表す表現でMacQueenを**言い換え**ている。

② whatは**関係代名詞**で、この文はThen he got the thing which he deserved.と言い換えられる。

③ ここは分詞構文で、trying to calm downで「落ち着こうとしながら」の意味。

WORDS

□either［副］〜も…もしない　□false name 偽名　□dirty animal 汚らわしい人でなし　□deserved［形］受けて当然の　□you see ですからね、ご承知のとおり　□handle［動］（仕事などを）担当する　□identity［名］身元

"But surely—I mean, that was careless of Ratchett."

"Yes," said Poirot, ④studying the young man. "Mr. MacQueen, please tell me about everything you did after dinner last night."

"I went to my room and read. I got off the train at Belgrade to stretch my legs. I got back on the train and talked to Colonel Arbuthnot. Then I went to Ratchett's room to take some notes, and then I said good night and left him. Colonel Arbuthnot was still in the hall so I invited him to my room. We had some drinks and discussed politics. We got off the train ⑤to stretch our legs at Vincovci—"

"By which door did you leave?" cut in Poirot.

"The door ⑥closest to my room, next to the dining car."

"Was it locked?"

"Yes, there was a bar that fit across the handle."

"Did you replace the bar when you returned?"

"Now that you mention it, I don't think we did. We ⑦must have forgotten."

"I see," said Poirot. "Now, tell me, when you and the colonel were talking in your room, did you leave your door open?"

"Yes."

"Did you ⑧see anyone walk down the hall?"

"At one point I thought I saw a woman in a red dress, but I didn't see her clearly."

"What time did the colonel leave you?"

"Around two, I think."

"One more question: Do you smoke a pipe?"

"No, sir."

Poirot smiled and put down his pen.

"Thank you. That is all."

④ **分詞構文**で、「〜をじっと見ながら」の意味。

⑤ **to不定詞の副詞的用法**。次の段でポアロが「どのドアから（車外へ）出たのか？」と尋ねているので、ここではand we stretched（そして伸ばした）という「結果」の意味を表しているとわかる。

⑥ closest to my roomという句が一塊で切り離せないため、the doorを後ろから修飾する形（**後置修飾**）をとっている。「私の部屋に一番近いドア」の意味。続くnext to the dining carも同じ。

⑦「must have＋過去分詞」の形で、**過去の出来事についての確信度の高い推量**を表す。「（かんぬきを戻すことを）忘れたに違いない」の意味。

⑧ see 〜 doで「〜が…するのを見る」。このseeは、**知覚動詞**「（通路を誰かが）歩くのを見る」の意味。

WORDS

□have a drink 酒を飲む □cut in 口をはさむ □bar［名］かんぬき □fit［動］ぴったりはめ込む □now that 〜した現在となっては □put down 〜を置く

Chapter 11 (☞ p. 176)

The Valet

TRACK 11

①After MacQueen came ②Edward Masterman, Ratchett's English valet. Poirot asked him to sit down.

"I'm sure you've heard that your employer has been murdered," started Poirot.

"Yes, sir. It's very shocking."

"Do you know that Ratchett was not your employer's real name?"

"No, sir."

"Do you remember the Armstrong case?"

③At this, Masterman's pale face, ④which usually showed no expression, colored a little.

"Yes, sir," he replied. "It was a terrible affair."

"Mr. Ratchett was ⑤Cassetti, the man responsible for that crime."

Masterman's face turned redder.

"That's shocking. I can hardly believe it, sir."

"Tell me when the last time you saw Mr. Ratchett was."

"About nine o'clock last night, sir. I went into his room ⑥to fold and hang up his clothes, bring him water, and take care of all his needs before bed."

"Did Ratchett seem normal?"

"He seemed upset. He had received a letter he didn't like."

"Did Ratchett ever take medicine to help him sleep?"

"⑦Always when traveling by train. He couldn't sleep otherwise."

Chapter 11

① 強調などの目的で副詞（句）が文頭に置かれると、続く主語と動詞が**倒置**されることがある。ここはEdward Masterman came after MacQueen（マックイーンのあとに、エドワード・マスターマンが入ってきた）が通常の語順。

② Edward MastermanとRatchett's English valetは**同格**で、同一人物を指している。後者が前者を説明している。

③ 文頭のatは文末近くのcoloredに続くものと考えられる。文全体に大きな**倒置**が起きている。Masterman's pale face, which usually showed no expression, colored a little at this.が通常の語順で、「ふだんは感情を表さないマスターマンの青白い顔が、これを聞いて赤らんだ」の意味になる。

④ 非制限用法の**関係代名詞節が挿入**されている。

⑤ Cassettiとthe man responsible for that crimeは**同格**で、同一人物を指している。後者が前者を説明している。manの直後にwho wasが省略されていると考えるとわかりやすい。

⑥ **to不定詞の副詞的用法**。ここではfoldに続くhang (up)、bring、take (care of)の計4つが不定詞で、いずれも「結果」を表している。

⑦ He always took medicine when he was traveling by train.が完全な形。本来when節内の主語とbe動詞は、主節の主語と一致する場合に**省略**できる。ここでは主節の主語・動詞も省略されてしまっているが、文脈から判断が可能。

WORDS

□valet［名］付き人の男性　□pale［形］青白い　□affair［名］事件　□responsible for ～の原因である　□hardly［副］とても～ない　□fold［動］たたむ　□hang up ～をかける　□upset［形］動揺して　□otherwise［副］そうしないと

"Did he take it last night?"

"Yes, sir. I poured some in a glass for him."

"What happened next?"

"He wanted to see MacQueen. So I called MacQueen and then went to my room. I [8]spent the rest of the night reading. I [9]had a hard time sleeping. I [10]must have fallen asleep around four in the morning."

"Do you share your compartment with anyone?"

"Yes, a big Italian fellow."

"Do you talk to each other?"

"No, I prefer to read, sir."

"Did you or your companion leave the room during the night?"

"No, sir. The Italian went to sleep around 10:30 and snored all night."

Poirot was silent for a moment or two and said, "Just tell me one more thing: when were you hired by Ratchett?"

"About nine months ago."

"And do you smoke a pipe?"

"No, sir. Only cigarettes."

"Thank you, Mr. Masterman. That is all."

"Excuse me, sir," said Masterman, "but the American lady has been upset all morning. She says she knows all about the murderer. May I ask her to come in?"

⑧ **spend ~ -ing**で「…して～を過ごす、…するのに～を費やす」。-ing（ここではreading）の前にonが入ることもある。「それ以降、夜はずっと読書をして過ごした」の意味。

⑨ **have a hard time -ing**で「～するのが大変だ、なかなか～できない」。この-ingはto doでもよい。「なかなか眠りに就けなかった」の意味。

⑩「must have＋過去分詞」の形で、**過去の出来事についての確信度の高い推量**を表す。「午前4時ごろには眠りに就いたに違いない」。

WORDS

□pour［動］液体をつぐ　□fellow［名］男　□companion［名］仲間　□snore［動］いびきをかく　□for a moment or two わずかな瞬間　□cigarette［名］紙巻たばこ

Chapter 12 (☞ p. 177)

The American Lady

Mrs. Hubbard arrived in the dining car in ①such an excited state that she could hardly speak.

"Gentlemen, are you the authorities here? I have some very, very important information—*very* important!"

"Please sit down, madam," said Poirot.

Mrs. Hubbard dropped herself into a seat across from him and immediately started to talk.

"Gentlemen, there was a murder on the train last night!"

"Yes, we are aware," said Poirot.

"And the murderer was in my room!"

"②You are sure of this, madam?"

"Of course I'm sure! Heavens! I know what I saw. You see, ③I'd gone to bed and fallen asleep. Suddenly I woke up and I knew there was a man in the room. It was very dark, and I was ④so afraid I couldn't scream. I thought I was going to be killed! I shut my eyes and pressed the bell ⑤for the conductor. I pressed and pressed, and finally I heard someone coming down the hall. 'Come in!' I screamed, and I turned on the lights at the same time. But nobody was there!"

This did not seem to surprise anyone but Mrs. Hubbard.

"What happened next, madam?"

"I told the conductor what happened, but he didn't believe me. He thought I had dreamt the whole thing. But I *know* there was someone in my room. Somehow he got away. I thought maybe it was the man next door, so I told the conductor to look at the door

Chapter 12

① **such...that (can't) ～の構文**で、「あまりにも…で～できない」。「あまりにも興奮して、話すこともできなかった」の意味。

② **平叙文の語順の疑問文**で、相手に確認するニュアンスを込めて用いられる。ここは「確かなのですね、マダム」。

③ I had gone to bed and had fallen asleep.ということ。次の文のI woke up and knew ...のタイミングを基準時と見なし、**過去完了形**を使ってそれよりも前に起きたことを表している。

④ thatが省略されているが、**so...that (can't) ～の構文**で「あまりにも…で～できない」。「怖すぎて叫ぶこともできなかった」の意味。

⑤ この**for**は、「～を求めて」。追求・獲得目標を表すforの用法。

WORDS

□state ［名］状態、様子　□authority ［名］権威者　□drop oneself into ～に崩れ落ちる　□across from ～の向かいに　□aware ［形］～を知っている　□Heavens! あらまあ！　□scream ［動］悲鳴を上げる　□turn on （電気製品などを）オンにする　□dreamt ［動］dream（夢を見る）の過去、過去分詞

between our rooms, and sure enough, it wasn't locked. I told him to lock it, of course!"

"What time was this?"

"I don't know, I never looked at the clock. I was too upset. But [6]it's clear to me that it was the murderer, and I have proof!"

Mrs. Hubbard opened her bag and dug through it for some time. Finally, she produced a silver button from a Wagon Lit conductor's uniform.

"I found this in my room this morning!" she cried.

"It [7]may have come from the conductor who answered your bell," said Poirot.

"No, [8]it couldn't have! [9]Why people don't listen to me, I just don't know," she said. "The conductor came into the room and looked under the bed and at the door. But he never came by the window, you see? I found the button by the window! What do you say to that?"

"That is evidence, madam!" said Poirot. He took the button from her. "Just a few more questions, madam. If you were so afraid of [10]Ratchett being in the next room, why didn't you lock the door between your rooms?"

"I had," said Mrs. Hubbard. "At around 10:30, that Swedish woman, Greta, came to my room to ask for some aspirin. I was already in bed, so I told her to look in my sponge bag that was hanging on the door handle. I asked her to see if the door was locked, and she said it was."

"Why couldn't you see for yourself?"

"Because I was in bed and the bag was hanging in front of the lock."

"I see. Mrs. Hubbard, do you remember the Armstrong case?"

"Yes, I do! What a terrible thing it was, too!"

⑥ **it is ～ that...**で、「…であることは～だ」。このitは形式主語で、that以下の節の内容（あれが犯人だったこと）を表している。

⑦「may have＋過去分詞」の形で、**過去の出来事についての推量**を表す。「その車掌のボタンだったかもしれない」の意味。

⑧「could have＋過去分詞」の形で、**過去の出来事の可能性についての推量**を表す。ここでは過去分詞comeが省かれた上で否定形となり、「そんなことはあり得ないだろう」の意味を表している。

⑨ whyで始まる疑問節を強調するために先行させた、**節の倒置**。I just don't know why people don't listen to me.「どうしてみんな私の言うことを聞かないのかわからない」が通常の語順。

⑩ **動名詞beingの意味上の主語**がRatchettであることが示されている。ここではbeingが前置詞ofの目的語となっており、そのような場合、意味上の主語はRatchett'sのような所有格とはならず、目的格で示されるのが普通。

WORDS

□sure enough 思ったとおり □proof ［名］証拠 □dig through ～の中を探る □produce ［動］提示する □come from ～によってもたらされる □evidence ［名］証拠 □aspirin ［名］鎮痛剤 □sponge bag ［名］化粧ポーチ

"Well, Mr. Ratchett was actually Cassetti, the man responsible for the crime."

Mrs. Hubbard was ⑪so excited she stood up.

"Heavens! I can't believe it! I knew that man was evil! I told you so, didn't I, Mr. Poirot?"

"Indeed. Did you know any of the ⑫Armstrongs?"

"No, I can't say I did. They were rich and moved in a different social circle."

"Just one more thing, Mrs. Hubbard. Do you own a red dressing gown?"

"⑬What a strange question! No, my dressing gown is pink."

"Thank you, madam," said Poirot. "That is all."

As she moved toward the door, Poirot stopped her.

"You dropped this," he said. He held out a lady's handkerchief to her.

"That's not mine."

"I thought it was yours. It has the letter H on it."

"That's true, but it isn't mine," she said.

"Ah, excuse me. Thank you for your help."

Chapter 13 (☞ p. 179)

TRACK 13

The Swedish Lady

Poirot interviewed Greta Ohlsson next. She was a trained nurse and worked at a school in Istanbul. She was on her way to Sweden on holiday.

⑪ **so...that 〜の構文**。「あまりにも…で〜だ」の意味。ここではthatが省略されている。

⑫ **人名(姓)の複数形**で、「〜家」を表す。ここは「アームストロング一家、アームストロング家の家族」の意味。

⑬ 文末にthat isが省略された**感嘆文**。「何とおかしな質問なのか!」の意味。

WORDS

□indeed [副]まったく、いかにも □social circle 社会的集団 □own [動]〜を所有する □hold out 〜を差し出す □trained [形]訓練を受けた □on one's way to 〜に行く途中で

"I'm sorry to trouble you, but we are questioning everybody on the Istanbul-Calais car," said Poirot gently. "Can you tell me what you did after dinner last night?"

"My head was hurting all evening. At around 10:30, I went into the American lady's room ①to ask for some aspirin."

"Did she ask you to see if the door connecting to Mr. Ratchett's room was locked?"

"Yes."

"Was it locked?"

"Yes."

"After that?"

"I went to my room, took the aspirin, and lay down."

"Did you go to sleep quickly?"

"No, not very quickly. The train stopped once before I fell asleep."

"That ②must have been Vincovci. You share your room with the young English lady, don't you?"

"Yes."

"Did she leave the room after the train stopped at Vincovci?"

"No. I am a very light sleeper and ③I would have woken if she had left the room."

"Did you leave your room at any time during the night?"

"No, I stayed there until morning."

"Do you have a red dressing gown?"

"Why, no! My dressing gown is brown."

Poirot asked if she knew of the Armstrong case. She didn't, so he explained. She grew very upset.

"That is terrible!" she cried. "④To think such evil men could exist!"

With that, she was allowed to go. She left ⑤with her eyes filled with tears.

Chapter 13

① **to不定詞の副詞的用法。**ここではand I asked (for some aspirin)（そして［アスピリンを］求めた）という「結果」とも、「求めるために」という「目的」とも取れる。

② 「must have＋過去分詞」の形で、**過去の出来事についての確信度の高い推量**を表す。「（それはヴィンコヴチ駅）だったはずだ」の意味。

③ 過去の事実に反する仮定を表す**仮定法過去完了**で、「彼女が部屋を出たなら私は目が覚めただろう」の意味。

④ **感嘆を表すto不定詞。**主にTo think that ～. の形で「～だとは！ ～だなんて！」という感嘆を表す。ここではthatが省略されている。

⑤ **付帯状況を表す「with＋独立分詞構文」。**ここではher eyes (being) filledの部分が「独立分詞構文」と呼ばれる形。分詞構文の部分の主語（her eyes）が文の主語（she）と異なる場合、このように意味上の主語として明示される。こうした独立構文を前置詞withが従えると、その部分が「～を…して、～を…しながら」の意味の付帯状況を表す。

WORDS

□connecting to ～につながる　□lie down 横になる　□light sleeper 眠りが浅い人
□ask if ～かどうか尋ねる　□grow upset 憤慨する

Chapter 14 (☞ p. 180)

TRACK 14

The Russian Princess

Before the next interview, Poirot ①had Pierre Michel called into the dining car.

"Michel, here is a button from your uniform. It was found in Mrs. Hubbard's room. What do you ②have to say about it?" said Bouc.

"I haven't lost any buttons, sir," said ③the conductor. "I don't know where it ④could have come from."

Indeed, all of his buttons were on his coat.

"Then it ⑤must have been dropped by the man who was in Mrs. Hubbard's room last night."

"But sir, I checked the room! There was nobody there."

"Somebody dropped it, and it's likely that it was the murderer," said Bouc coldly.

"It wasn't me, sir! I am innocent! Please, I was with the other conductors before madam rang for me, you can ask them!"

Bouc called for the two other conductors and they gathered in the dining car. They both said that Pierre Michel had come to speak with them about the snow from around 1 to 1:15. Neither of them had lost a button either. ⑥It was clear none of the Wagon Lit conductors could provide any information about the button, so Poirot moved onto the next interview.

Princess Dragomiroff entered the dining car. Despite her small, weak body, her attitude was strong and direct.

"You are Princess Natalia Dragomiroff, and your home address is 17 Avenue, Kleber, Paris, correct?"

Chapter 14

①「**have＋目的語＋過去分詞**」の形で「〜を…させる、〜を…してもらう」という使役の意味を表す。ここでは、ポアロがピエール・ミシェルを「誰かに呼んでもらった」ことがわかる。

② **have 〜 to say** の形で「言うべき〜がある、言い分がある」の意味。have to do（〜しなければならない）の形と混同しやすいので注意。ここでは文頭の疑問詞whatがhaveの目的語になっている。

③ conductorという当人の属性を表す表現でPierre Michelを**パラフレーズ**（**言い換え**）している。

④「could have＋過去分詞」の形で、**過去の出来事の可能性についての推量**を表す。ここは「はたしてどこから来たもの（＝何に付いていたボタン）であり得るか（わからない）」の意味。

⑤「must have＋過去分詞」の形で、**過去の出来事についての確信度の高い推量**を表す。ここは「（昨夜ハバード夫人の部屋にいた人物によって）落とされたに違いない」の意味。

⑥ it was 〜 that...の形で「…であることは〜だった」の意味。このitは**形式主語**で、that節（ここではthatが省略されている）の内容を表している。ここは「ボタンについて車掌が何の情報も提供できないことは明らかだった」ということ。

WORDS

□here is ここに〜がある □it is likely that おそらく〜だろう □murderer［名］殺人者 □gather［動］集合する □despite［前］〜にもかかわらず □direct［形］遠慮のない

"That is correct."

"Thank you. Now, please tell us about ⑦what you did last night after dinner."

"I told the conductor to make my bed. I went to bed directly after dinner and read until about 11 p.m. I could not sleep because of my rheumatism. I ⑧had the conductor bring my maid, ⑨who rubbed my feet and read to me until I felt sleepy. I believe that was about an hour later."

"The train ⑩had stopped then?"

"Yes."

"You heard nothing unusual?"

"Nothing."

"You have been to America, I believe?"

⑪The sudden change of topic made the princess raise her eyebrows.

"Yes, many times."

"Then you remember the Armstrong case."

The princess's face darkened, and her strong, commanding voice ⑫grew soft.

"The Armstrongs were dear friends of mine," she said. "I am still trying to get over the terrible loss. Linda Arden is a great friend of mine. I believe she is the finest actress in America. Her daughter, Sonia Armstrong, was my goddaughter."

"I believe Sonia had a younger sister. Do you know where she is now?"

"No. I lost touch with the younger Armstrongs. Why are you asking about the family? Do they have to do with what happened last night?"

Poirot explained who Ratchett really was. The princess's face darkened even more and she lowered her eyes.

⑦ このwhatは**関係代名詞**で、先行詞the thing(s)を含んでいると考えられる。ここはNow, please tell us about the things that [which] you did last night after dinner.と読み換えることができる。

⑧ have ～ doの形で「～に…してもらう(ように手はずを整える)」という**使役**の意味。ここは「車掌に(自分のメイドを)呼んでもらった」ということ。

⑨ who以下の関係代名詞節がmy maidについての補足説明となっている。**関係代名詞の非制限用**法。ここはwhoをand sheと読み換えるとわかりやすい。

⑩ **過去完了形**によって、すでに列車が止まっていたことが確認されている。then(その時点で)が過去の基準時になっている。

⑪ 原因・理由・手段・条件などを表す「無生物」を主語にして、それが人間に作用を及ぼす形で表現する「**物主構文**」と呼ばれる英語らしい文。The princess raised her eyebrows because of the sudden change of topic.と「生物」を主語に言い換えることもできるが、英語らしさは薄れる。

⑫ become、go、growなどが「静的な状態」を表すbe動詞の代わりに用いられると、「状態の変化」を表す。ここではwas softではなくgrew softと言うことで、声が「柔らかなものに変化した」ことが伝わる。

WORDS

□rheumatism [名]リウマチ □rub [動]摩擦する □topic [名]話題 □commanding [形]威厳のある □dear [形]大切な □goddaughter [名](女の)名付け子 □lose touch with ～との関わりがなくなる □darken [動]暗くなる □even more さらにいっそう □lower [動](目線などを)落とす

"Excuse me for saying this," she said, "but if ⑬what you say is true, I am glad that man was murdered!"

"Of course, you have strong feelings on the matter," said Poirot. "Just one more question: What color is your dressing gown?"

"Blue," she said calmly.

"Thank you, madam, very much for your help."

Princess Dragomiroff rose and walked out of the room.

Chapter 15 (☞ p. 181)

TRACK 15

Count and Countess Andrenyi

Next was Count Andrenyi. Before he entered the dining car, Poirot studied the Count and Countess's passports. Everything seemed to be in order, but he noticed a large, dirty spot on the Countess's passport. Some careless official ①must have spilled his lunch on her papers.

Soon, the Count came in. He was a large, good-looking man. He came without his wife.

"Dear Count," said Poirot, "will your wife join us?"

"No. She has nothing to tell you," said the Count. His tone was firm. "I'm afraid neither of us can help you, as we were both asleep."

Again, Poirot explained who Ratchett really was, but the news did not seem to affect the Count.

"That's shocking," said the Count, "but I suppose such things ②happen in America."

"You ③have been to America, Count?"

⑬ これも**先行詞を含む関係代名詞**whatで、the thing that [which] you say is trueと読み換えられる。

Chapter 15

① 「must have + 過去分詞」の形で、**過去の出来事についての確信度の高い推量**を表す。ここは「(不注意な係官が)こぼしたに違いない」の意味。

② 一般論や社会通念を表す**現在時制**の用法。ここは「(だが、そうしたことはアメリカでは)起こるものだ(と思う)」の意味。

③ **経験を表す現在完了**。ここは「(アメリカへ)行ったことがある(か?)」の意味。

WORDS

□count [名]伯爵 □countess [名]伯爵夫人 □in order 適切な □spot [名]しみ
□spill [動]こぼす □firm [形]断固とした

"I was in Washington for a year."

"Did you ever meet anyone named Armstrong?"

"Armstrong? It's hard to say. One [4]meets so many people in America."

"What did you do after dinner last night?"

"My wife and I went to my room and played cards until about eleven. Then my wife returned to her room and went to sleep. I also went to bed and didn't wake up until morning."

"Did you notice the train stopping?"

"[5]Not until this morning."

"And your wife?"

"She always [6]takes sleeping medicine when she travels by train. She slept until morning. I'm sorry we don't have any useful information."

"That's fine, Count. But could you please ask your wife to come in here?"

"[7]It's unnecessary for her to come. She knows nothing, as I said before."

"I'm sure you're right. But it's a formal part of the proccss, you see. I have to speak to everyone."

The Count studied Poirot and said nothing for a moment. Then, finally, he said he would bring her.

The young, beautiful countess appeared a few minutes later.

"I'm sorry to trouble you," said Poirot. "I only have a few questions. I just need to know if you saw or heard anything unusual last night."

"No, I heard nothing."

"[8]You did not hear loud noises coming from the room next to [9]yours? The American lady rang for the conductor and was crying aloud during the night."

④ 一般論や社会通念を表す**現在時制**の用法。ここは「(人は、アメリカでは実に多くの人たちと)出会うものだ」の意味。

⑤ ここはI did not notice itが省略されてnotだけが残った形。

⑥ 習慣を表す**現在時制**の用法。妻が列車で旅行するときには睡眠薬の服用を習慣にしていたことを伝えている。

⑦ itは**形式主語**で、to comeという名詞的用法のto不定詞を代表している。理論的にはTo come is unnecessary for her.と言えるが、不自然なので、文の形を整えるためにこのように形式主語itが用いられる。

⑧ **平叙文の形をとった疑問文**。話すときには文末が尻上がりのイントネーションで発音される。Didn't you hear...?と通常の疑問形をとる場合と比べ、ここでは「聞こえなかったのですね?」といった念押しのニュアンスが強い。

⑨ 名詞の反復を避けるための**独立所有格**の用法。ここではyour roomをyours一語で済ませている。

WORDS

□hard to ～するのが難しい □play cards トランプをする □could you please ～していただけますか □formal [形]形式上の □process [名]作業過程 □aloud [副]大声で

"No. I ⑩take sleeping medicine, you see. I slept the entire night."

"Ah! Then I won't trouble you further. But I must also ask, what color is your dressing gown?"

"Yellow," she said ⑪laughing. "Is that important?"

"Very important, my dear Countess," replied Poirot. "Thank you very much."

"She is very beautiful," said Bouc with a little sigh after she left.

Poirot agreed, but he was thinking about the dirty spot on her passport.

Chapter 16 (☞ p. 183)

TRACK 16

The Colonel

①Next came the British colonel. He did not seem happy to be interviewed by a group of foreigners. ②With some difficulty, Poirot found out that the colonel was traveling to England from India. He had stopped for three days in Baghdad ③to visit an old friend.

"You and Miss Debenham met in Baghdad?" asked Poirot.

"No, we met on the train from Kirkuk to Nissibin."

"Miss Debenham is an English woman," said Poirot, leaning forward. "As an English man, what do you think of her?"

"What kind of question is that?" said Colonel Arbuthnot angrily. "Miss Debenham is a lady."

"Well, there is evidence that this murder was committed by a woman. I must understand the character of each woman on this train, but English women are very ④hard to read. Can you help me?"

⑩ p.96の⑥と同じ**習慣を表す現在時制**の用法。

⑪ **付帯状況を表す分詞構文**で、「笑いながら」の意味。

Chapter 16

① The British colonel came next. の語順が**倒置**されている。強調のために方向・序列・場所などを表す副詞が文頭に置かれると、続く主語と動詞の語順が倒置される。

② 「〜があるものの、〜にもかかわらず」という意味の「**譲歩」を表すwith**の用法。このWith some difficulty, . . . は「困難があったものの」の意味。

③ **to不定詞の副詞的用法**で、文脈上「結果」を表していると考えられる。and visitedと読み換えることができる。

④ hard to readは「真意を読み取りにくい」という意味の定形表現。この表現中のto readの意味上の主語は「人一般」であり、English womenではないので注意。

WORDS

□entire night 一晩中 □further ［副］さらに深く □sigh ［名］ため息 □with difficulty 苦労して □stop for 〜の間滞在する □lean forward 身を乗り出す □think of 〜についての意見を持つ □read ［動］〜を見抜く

"I can assure you that Miss Debenham had nothing to do with this," said Arbuthnot.

"I see. Then let's move on. The crime [5]may have been committed at around 1:15 a.m. What were you doing at that time?"

"I was talking with that young American, MacQueen, in his room. We happened to start talking yesterday and ended up having a long conversation about politics. We got off the train at Vincovci [6]for a smoke, but it was too cold outside and we came back in."

"Do you smoke cigarettes?"

"No, [7]a pipe."

"What time did you end the conversation?"

"Around two, I believe. I returned to my room and went to bed."

"And during the time you were speaking to Mr. MacQueen, did you see anyone walk [8]up or down the hall?"

"[9]It's hard to remember… Yes. I think a woman [10]may have walked by. I didn't see her exactly, but I noticed a fruity smell and some movement past the door. I assume it was a woman."

"Do you know of the Armstrong case?"

When the colonel shook his head, Poirot explained the case and Ratchett's real name. The colonel was shocked, but he did not know any of the Armstrong family.

"Well, is there anything else at all that you'd like to mention?" asked Poirot.

"There is something," said the Colonel. "It's probably nothing, but when I was going back to my room, I noticed the man in the farthest room [11]had his door open and was watching the hall. When he noticed me, he quickly shut his door, as if he didn't want to be seen. Perhaps it's not important… "

⑤「may have＋過去分詞」の形で、**過去の出来事についての推量**を表す。mayは比較的確信度が低いときに用いられる。

⑥「～を求めて」の意味を表す**追求・獲得目標のfor**。ここは「（たばこを）一服しようと」の意味。なお、続くbut it was too cold outside and we came back in.で、大佐たちは結局喫煙しなかったことが示唆されている。

⑦ 直前に(but) I smokeが**省略**されている。「紙巻きたばこは吸わないがパイプは吸う」ということ。

⑧ このupは「近づいてきて」、downは「遠ざかって」の意味の副詞で、話者や当事者から見た動きの方向を表している。up or downなので、「（廊下を歩いて）近づいてきた人か、遠ざかっていった人（を見なかったか？）」という意味。

⑨ itは**形式主語**で、to rememberを代表している。

⑩ ⑤と同じ**過去の推量**。ここでは文頭にI think...とあるので、いっそう確信度が低いことが伝わる。

⑪「have＋目的語＋形容詞」の形で「～を…のままにしておく」の意味を表す。ここではopenが形容詞。「（一番奥の部屋の男が）自室のドアを開けたままにしていた」の意味。

WORDS

□assure［動］～であると断言する □move on 先へ進む □happen to たまたま～する □end up 結局～することになる □walk up or down ～を行ったり来たりする □walk by 通りかかる □past［前］～のそばを通り過ぎて □assume［動］～と見なす □farthest［形］最も遠くの

"That's interesting," said Poirot.

"Yes, well..." said the Colonel, and he got up ⑫to leave.

After he was gone, Poirot sat back.

"He is the only man who ⑬admits to smoking a pipe," he said.

Chapter 17 (☞ p. 184)

TRACK 17

Mr. Hardman

The last of the first-class passengers was ①Mr. Hardman, the American salesman.

"How can I help you gentlemen?" he asked with a bright smile.

"We're investigating the murder that was committed last night. We need to ask you what you did last night after dinner," said Poirot.

The bright smile faded.

"Sorry for asking, but who exactly are you gentlemen?" Hardman said.

Poirot explained the positions of himself, Mr. Bouc, and Dr. Constantine.

"Hercule Poirot," said Hardman. "I've heard of you. I guess I ②better tell you the truth. Actually, I'm a private detective too."

Hardman passed Poirot a business card. It read, "Cyrus Hardman, McNeil's Detective Agency, New York."

Poirot knew the agency. It was one of the ③best in America.

"④What brings you here, Mr. Hardman?"

"I was investigating a case in Istanbul. When I finished, I was

⑫ **to不定詞の副詞的用法**で、文脈から「結果」を表しているとわかる。and leftと読み換えればよい。

⑬ このadmitは「認める」の意味の自動詞で、admit to 〜の形で「〜（をしたこと）を認める」。

Chapter 17

① Mr. Hardmanとthe American salesmanは**同格**で、後者が前者を説明している。

② had better（〜したほうがよい、〜しないとまずい）のhadが**省略**されている。くだけた場面で使われる口語的な形。

③ このbestは「最高のもの、最高の人」の意味の名詞。なお、one of 〜（〜のうちの一つ）には通例、名詞の複数形が続くが、(the) bestが(the) bestsとなることはない。

④ 疑問代名詞whatを主語にした「**物主構文**」の形で理由を尋ねている。Why are you here?と同じ意味。

WORDS

□admit［動］〜を認める　□investigate［動］調査する　□fade［動］消えていく
□exactly［副］いったいぜんたい　□private detective 私立探偵　□pass［動］手わたす
□detective agency 探偵社

going to return home to New York but I received a letter from Mr. Ratchett at the Tokatlian Hotel. It said he knew I worked for McNeil's, and he wanted to hire me for his protection."

"Continue," said Poirot.

"I met him at the hotel and he showed me the threatening letters he had received. My job was to travel with him and to [5]make sure nobody touched him. Well, somebody certainly got to him. Ratchett told me what this possible attacker would probably look like."

"Really?" said Poirot in surprise. "What was the description?"

"Ratchett said he would be a small, dark man with a womanish voice," said Hardman.

"Hmm," said Poirot thoughtfully. "You know who Ratchett was, don't you? He was Cassetti of the Armstrong kidnapping case."

Hardman's eyes opened wide.

"Really! Now, that *is* a surprise! Of course I know the case but I was out West when it happened."

"Well, please continue with your story."

"There's not much to tell. Once Ratchett hired me, I slept during the day and stayed awake at night. I opened my door a little to [6]keep watch for anyone going into Ratchett's room. Last night I watched the hall as usual, but I didn't [7]see any strangers come on the train."

"[8]None at all?"

"No, sir."

"Could you see the conductor from where you were?"

"Yes, he was close by. He had a busy night. After Vincovci, the train came to a stop—because of the snow, I'm told. He answered a bell and someone said in French that it was a mistake. Then

⑤ make sure (that) ～の形で「必ず～であるようにする、～であるよう気をつける」の意味。that節内で未来形（willを用いた未来表現）を使わないのがルール。そのため、ここでもmake sure nobody would touch himではなく、make sure nobody touched himとなっている。

⑥ keep watch for ～は「～を見張る、～を警戒し続ける」の意味。ここではforの目的語のanyoneが、続くgoingの意味上の主語となっており、「（ラチェットの部屋に）入る誰をも見張る」という意味を表している。

⑦ **知覚動詞see**を用いたsee ～ do（～が…するのを見る）の構文。

⑧ このnoneは「誰も～ない」の意味の代名詞で、直前のハードマンの発言（I didn't see) any strangersを受けている。None at all?で「誰一人いなかったのですね？」。

WORDS

□protection［名］保護　□description［名］説明　□dark［形］（肌などが）浅黒い　□womanish［形］（男性が）女性のような　□West［名］西側諸国　□none at all 全然ない　□close by すぐ近くに

he answered another bell and he told the German lady to visit someone else's room—⑨the Russian lady's, I guess. Then he went into the rear car for about fifteen minutes, but a bell starting ringing like crazy. He came back to answer it. It was the American woman. Then another bell rang and he got a bottle of water for someone. After that he sat down at his seat until the American secretary ⑩needed his bed made. I don't think he moved after that until about five this morning."

"Your information is most helpful," said Poirot. "Would you like a cigarette before you go, or perhaps you prefer the pipe?"

"Cigarettes for me," said Hardman, and he took one as he left.

The three men sat back, ⑪deep in thought.

"A small, dark man with a womanish voice," said Bouc.

"A description that does not fit anyone on this train," said Poirot.

Chapter 18 (☞ p. 186)

The Italian

TRACK 18

Antonio Foscarelli came to the dining car ①smiling. ②He was Italian by birth but had become an American citizen. He was a salesman for Ford Motor Company. He explained all about his work, his travels, and the car industry. He certainly did not hide anything.

When Foscarelli stopped to take a breath, Poirot told him who Ratchett really was. Foscarelli was shocked.

⑨ 名詞roomの反復を避けるための**独立所有格**の用法。the Russian lady's roomが本来の形。

⑩「need＋目的語＋分詞または形容詞」の形で「〜を…の状態にする必要がある」の意味。ここは「彼の寝台を整えられた（ベッドメーキングされた）状態にする必要があった」ということ。

⑪ ここは**付帯状況を表す分詞構文**のbeingが省略されていると考えるとわかりやすい。「考えに深く没頭しながら」の意味。

Chapter 18

① **付帯状況を表す分詞構文**で、「ほほえみながら」の意味。

② ここは時間関係をつかみにくいので注意。He was Italian by birth（彼はイタリア人として生まれた）はこの話の時点でも変わることのない事実を表しているので過去形was、but had become an American citizen（だが、すでにアメリカに帰化していた）はこの時点よりも前に起きたことなので**過去完了形**となっている。

WORDS

□rear ［形］後方の　□sit back 深く腰掛ける　□citizen ［名］国民　□take a breath 息をする

"I remember the Armstrong case," he said. "A girl—a baby, I think—was kidnapped, yes?"

"Yes. ③Do you know or have you ever seen any of the Armstrongs?"

"No, I don't think so. But in America there are all sorts of people. ④Who knows whom one meets?"

"What did you do last night after dinner?"

"I stayed in the dining car as long as I could. I like talking to people. I talked with the American salesman, then I went back to my room. It was empty—the British valet, I suppose, was in his employer's room. When he came back, he just sat in the corner and read. He ⑤is very boring."

"And then?"

"The conductor came to make our beds. I ⑥am in the top bed, so I climbed up to smoke and read. I fell asleep."

"Did anybody come in or out of your room during the night?"

"I don't think so. I ⑦would have heard it."

"Do you smoke a pipe?"

"No, only cigarettes."

"Thank you, Mr. Foscarelli. That will be all."

Foscarelli smiled warmly and wished the men a good day.

"He must be the killer!" said Bouc after he was gone. "He is Italian! Only Italians ⑧would stab someone twelve times in a fit of anger! Besides, Cassetti is an Italian name. They were probably criminals together."

"You jump to conclusions, my friend," said Poirot. "I disagree that this murder was a crime of passion. I believe it was carefully planned over a long time. The murderer, I believe, is someone with a sensible mind. Someone like Mary Debenham. Let's call her in."

③ Do you knowは「今でも親交があるか？」、have you ever seenは「一度でも会ったことがあるか」の意味。現在と現在完了の2つの時制を使い分けることで異なる状況が表現されている。

④ Who knows ～? は「誰が知っているのか、誰も知らないだろう」の意味の**反語的表現**。

⑤ 人や物事の**普遍的な性質・特徴を表す現在時制**の用法。ここは「(彼はとても退屈な)人物だ」の意味。

⑥ **持続的な現状を表す現在時制**の用法。ここは「(私は上段の寝台を)割り当てられている」の意味。

⑦ 過去の事実に反することを仮定する**仮定法過去完了**の帰結節で、「そうであるなら音が聞こえただろう」の意味。If somebody had come in or out of my roomという条件節が省略されていると考えればよい。

⑧ 話者の非難やいらだちを表すwouldの用法。「いつも～ばかりする、～するなんて」といったニュアンスで使われる。ここは「(人を12回も)刺すなどというのは(イタリア人だけだ)」の意味。

WORDS

□sort ［名］種類　□boring ［形］退屈な　□top bed 二段ベッドの上段　□wish someone a good day ～のよい1日を願う、おいとまする　□in a fit of anger 怒りに駆られて　□jump to conclusions 安易に結論へ急ぐ　□passion ［名］激情

Chapter 19 (☞ p. 187)

Miss Debenham

Miss Debenham entered the dining car. She was calm and neatly dressed in a black suit. She sat across from Poirot.

"①Your name is Mary Hermione Debenham and you are twenty-six years old?" asked Poirot.

"Yes."

"Tell me what you did after dinner last night."

"There's not much to tell. I went to bed and slept," she said. She was extremely calm.

"Does ②it bother you at all that a murder occurred on this train?"

③The question surprised Miss Debenham.

"I...No, it doesn't bother me especially. Why would you ask that?"

"You show very little emotion, Miss Debenham."

"Well, people ④die every day. I won't fall into hysterics over it."

"Do you know who Ratchett really was?"

She nodded.

"Mrs. Hubbard ⑤has been telling everyone."

"You are traveling from Baghdad to London?"

She nodded again.

"What ⑥have you been doing in Baghdad?"

"I ⑦work as a governess. ⑧I'm visiting London on holiday."

"You share a room with Greta Ohlsson. What color is her dressing gown?"

Miss Debenham stared.

Chapter 19

① 平叙文の形をとった**疑問文**。尋ねているというより、内容について確認・念押しをしている。

② このitは**形式主語**で、that節の内容を表している。ここは「この列車内で殺人が起きたことが気にかかっている（か?）」ということ。

③ 原因・理由を表す「無生物」（ここではthe question）を主語にして、それが人間に作用を及ぼす形で表現する「**物主構文**」。ここでは意味上、主語のthe questionが強調されていると考えられる。

④ **一般論や社会通念を表す現在時制**の用法。ここは「（人は毎日）死ぬものだ」の意味。

⑤ **現在完了進行形**で、動作・行為の継続が表されている。ここは「（ハバード夫人が皆に）言って回っている」の意味。

⑥ この**現在完了進行形**も継続の意味。「（バグダッドで何を）これまでしてきたのか？」ということ。

⑦ **持続的な現状を表す現在時制**の用法。ここは「（私は家庭教師として）働いている」の意味。

⑧ **現在進行形**を使って近未来が表されている。「休暇でロンドンを訪れようとしている」の意味。

WORDS

□neatly ［副］こざっぱりと　□across from 向かいに　□extremely ［副］極度に　□at all 少しでも　□show little emotion ほとんど感情をあらわにしない　□hysteric ［名］ヒステリー　□governess ［名］女性家庭教師　□stare ［動］目を見開く

"Light brown, I believe."

"And ⑨your own?"

"Purple."

"Thank you, that is all," said Poirot coldly.

The young woman seemed surprised that the interview ended so quickly and on such a strange note. She left quickly, ⑩leaving the three men to themselves.

Chapter 20 (☞ p. 188)

TRACK 20

Hildegarde Schmidt

Bouc turned to Poirot after Mary Debenham left.

"Why were you so cold to her, my friend? Do you suspect her?"

"There are two reasons," said Poirot. "First, Miss Debenham ①shows no emotions. She reveals very little about herself, and I thought it might be useful to shake her up. Second, I ②do suspect her."

Poirot's two companions looked at him with surprise, and Poirot explained what he had ③heard Mary Debenham say to Colonel Arbuthnot on the journey from Aleppo.

"That is strange," said Dr. Constantine. "Do you think she and the colonel are ④in this together? Two murderers, a man and a woman, ⑤would explain some of the wounds on the body."

"Yes, but none of the other facts support it," said Poirot. "⑥If the colonel and Miss Debenham had planned this murder together, we would expect them to provide an alibi for each other.

⑨ ここはWhat about your own dressing gown?またはWhat color is your own dressing gown?という文中のyour ownだけが残り、あとが省略されたと考えるとよい。

⑩ **付帯状況を表す分詞構文**で、ここでは動作の連続を表している。and left (the three men to themselves.)(そして[3人の男たちを]取り残した)と読み換えられる。

Chapter 20

① 人や物事の**普遍的な性質・特徴を表す現在時制**の用法。「(ミス・デベナムは感情を全く)表に出さない(人物だ)」の意味。次の文のrevealsも同じ使い方。

②「確かにする、実際にそうだ」の意味を表す**強調のdo**。ここは「事実(彼女を)疑っている」の意味。

③ **知覚動詞hear**を用いたhear ~ do(~が…するのを聞く)の構文。これを含むwhat he had heard Mary Debenham say to Colonel Arbuthnotは「彼が聞いた、メアリー・デベナムがアーバスノット大佐に言ったこと」の意味。

④ **参加・従事を表すin**の用法。participate in ~(~に参加する)やengage in ~(~に従事する)のinと同じ。ここは「(彼女と大佐が一緒にこの件に)関与している(と思うのか?)」の意味。

⑤ このwouldは推量ともとれるが、[(もしそうだと仮定するなら)説明がつく」の意味の**仮定法過去**だと考えるほうが妥当性が高い。

⑥ 過去の事実に反することを仮定する**仮定法過去完了**の文。直後にBut no.と続いていることからも、ここでの仮定の内容(大佐とデベナムが共謀した)が事実でないことがわかる。

WORDS

□note [名]様子 □leave to oneself (人を)放置する □reveal [動](隠されたものを)見せる □shake someone up ~に揺さぶりをかける □wound [名]傷 □body [名]死体 □expect [動]~を当然と期待する □alibi [名]アリバイ

But no. Mary Debenham's alibi is provided by a Swedish woman she has never met before, and the colonel's alibi is provided by ⑦MacQueen, the dead man's secretary. It doesn't make sense."

The other two agreed.

"We must now interview ⑧our last passenger," said Poirot. "Let's ⑨have Hildegarde Schmidt come in."

The German maid came in respectfully. With a kind smile and speaking polite German, Poirot began to interview Hildegarde Schmidt. He asked her to tell him about her movements the night before.

"I went to sleep after dinner, but the conductor came to say Princess Dragomiroff wanted me."

"Do you know what time that was?"

"No, sir, I did not look at the clock."

"So you put on your red dressing gown and went to the princess?"

Hildegarde looked at Poirot with a puzzled look.

"No, my gown is dark blue. But I did not put on my dressing gown, I put on some clothes. I would not like to ⑩have the princess see me in my dressing gown."

"Of course. Excuse me. Please continue," said Poirot.

"I massaged the princess and read to her. ⑪I do not read very well, but the princess likes it. She says it makes her sleepy. When she became sleepy, I went to my room ⑫to get an extra blanket for her. I came back to her room, covered her with the blanket, then went to my room and slept."

"Did you meet any strangers in the hall?"

"No, sir."

"Did you see a lady in a red dress in the hall?"

"No, sir."

"Did you see the conductor?"

⑦ MacQueenとthe dead man's secretaryは**同格**で、後者が前者を説明している。

⑧ このourは**共通の目的・対象を表す所有格**で、our last passengerは「われわれが話を聞くべき最後の乗客」の意味。

⑨ have ～ doの形で「～に…してもらう」という**使役**の意味。ここは「(誰かに頼んで)ヒルデガルデ・シュミットに来てもらおう」ということ。

⑩ これも「～に…してもらう」の意味のhave ～ do。「公爵夫人に(ガウン姿の自分を)見てもらう(のがはばかられた)」の意味。

⑪ この部分の全ての動詞(do not read、likes、says、makes)に、**習慣・現状・性質を表す現在時制**が用いられている。

⑫ **副詞的用法のto不定詞**で、文脈から「そして～した」の意味の結果を表していると考えられる。

WORDS

□make sense 道理にかなう □respectfully [形]礼儀正しく □put on ～を身につける □have someone see (人に)～を見せる □cover [動]～をくるむ □stranger [名]見知らぬ人

"Yes. He came out of someone's room about two or three ⑬down from the princess."

"I see. He often ⑭has to answer bells at night and go into passengers' rooms."

"He almost ran into me. It was when I was bringing the blanket to the princess. He was going toward the dining car. A bell started ringing but he didn't answer it. And it was not the same conductor who woke me. It was another conductor."

"Another one! ⑮Would you recognize him if you saw him?"

"I think so, sir."

Poirot whispered something to Bouc. Bouc left the dining car and returned with the three conductors.

"Miss Schmidt," said Bouc. "Could you please tell us which one of the conductors you ran into last night?"

Hildegarde Schmidt immediately shook her head.

"None of these ⑯is the man I saw last night," she said.

"But these are the only conductors on the train," said Bouc.

"I am quite sure. These are all tall, big men. The one I saw was small and dark. He had a little mustache. His voice ⑰when hc said 'Pardon,' was weak, like a ⑱woman's. I remember him well."

Chapter 21 (☞ p. 189)

TRACK 21

Summary of the Passengers' Evidence

"A small, dark man with a womanish voice," said Bouc

⑬ このdownは「離れて」の意味の**副詞**で、話者や当事者から見た方向を表している。なお、この文ではaboutの直前にwhich [that] wasが省略されていると考えられる

⑭ **習慣を表す現在時制**の用法。「(彼は夜間には往々にして) ～しなければならない」の意味。

⑮ 現在の可能性を推測する**仮定法過去**の用法。ここは「もし会えば、彼だとわかりそうか?」の意味。

⑯ ここのnone of theseのように、none ofに複数を表す名詞・代名詞が続く形が文の主語になると、動詞は複数に一致する (be動詞ならisではなくareになる) ことが多い。しかし、ここでは続くthe man I saw last nightが単数名詞なので、こちらに一致させて動詞にisが選ばれていると考えられる。

⑰ ここではwhen he said 'Pardon,' (彼が「すみません」と言ったとき) という時を表す節が、文の途中に挿入される形になっている。本来ならWhen he said 'Pardon,' his voice was weak, like a woman's.またはHis voice was weak like a woman's when he said 'Pardon.'のどちらか。

⑱ 名詞voiceの反復を避けるための**独立所有格**の用法。a woman's voiceが本来の形。

WORDS

□run into ～にぶつかる □recognize [動]～の見分けがつく □whisper [動]ささやく □mustache [名]口ひげ □Pardon. 失礼。

thoughtfully after Hildegarde left. "It doesn't make sense! We ①have talked to all the passengers but we have gotten nowhere!"

"That's ②not entirely true, my friend," said Poirot. "We have some facts and some new questions. First, Ratchett, or Cassetti, was stabbed twelve times and died last night. There are three possibilities as to the time of the crime. ③The broken watch makes us think that he died at 1:15. But it's possible that the crime happened earlier or later and the evidence ④of the watch was faked.

"Now, if we believe the first option, ⑤that the murder happened at 1:15, then we must also believe that the murderer is still on this train, as there is no possible way for him ⑥to have left without leaving footprints in the snow.

"As for a description of the murderer, Hardman tells us of a small, dark man with a womanish voice. Hildegarde Schmidt confirms this. ⑦There is also the conductor's button found in Mrs. Hubbard's room."

"But if Hildegarde is telling the truth," said Constantine, "why didn't Pierre Michel ⑧mention having seen her or the other conductor in the hall?"

"I believe he was still in Mrs. Hubbard's room," said Poirot.

"Yes, fine," said Bouc losing his patience, "but *where* did this small, dark man go?"

"This is the interesting point. There are only two possible answers to that question: either ⑨he is hiding somewhere so incredible on this train that we can't find him, or he is hiding *as a passenger on this train*. This rules out some passengers. MacQueen, Arbuthnot, Foscarelli, and Count Andrenyi are all too big. Only the valet is a small man. On the other hand, the murderer may have been a woman wearing a conductor's uniform."

Chapter 21

① **「完了」を表す現在完了形**で、「全ての乗客と話をし終えたのに(何の結論にも)到達していない」の意味。

② 「必ずしも～ではない」の意味の**部分否定**の形。部分否定は、このentirelyやalwaysなど、「全体、全て」を表す副詞をnotに続ける形をとる。

③ 原因・理由を表す「無生物」(ここではthe broken watch)を主語にして、それが人間に作用を及ぼす形で表現する**「物主構文」**。「壊れた時計があるから、われわれは～と考えている」の意味。

④ このofは**「同格」**を表す。the evidence of the watchで「時計という証拠」の意味で、the evidenceとthe watchは同じものを指している。

⑤ **同格節を導くthat**。直前のthe first option(最初の選択肢)と、that the murder happened at 1:15(殺人が1時15分に起こった)がイコールの関係になっている。

⑥ **to不定詞の形容詞的用法**で、(no) possible wayを修飾している。過去のことを言い表すためにhave leftという完了不定詞の形をとっている。なお、直前のfor himがこのto不定詞の意味上の主語を表している。

⑦ **「there is構文」**の特殊用法で、the conductor's buttonというtheの付いた旧情報(聞き手がすでに知っている情報)の重要性を聞き手に思い出させる意図がある。

⑧ mention -ingの形で「～すると言う」の意味。ここではdid't mentionよりも時間的に前であることを表すために、having seenという完了形の動名詞が使われている。

⑨ 「あまりにも…で～できない」の意味を表す**so...that can't** ～の構文。ここではsomewhere(どこかに)という副詞が名詞的に使われており、形容詞incredibleで後置修飾されている。soがこのincredibleを修飾する変則的な形になっている点に注意。

WORDS

□get nowhere 何の成果もない □possibility [名]可能性 □faked [形]偽造の □option [名]選択肢 □footprint [名]足跡 □confirm [動]裏付ける □lose one's patience しびれを切らす □incredible [形]信じられないほどすごい □rule out 除外する

Constantine and Bouc sat ⑩deep in thought.

"There is another question," continued Poirot. "Who is ⑪the woman in red seen by Pierre Michel, Miss Debenham, MacQueen, and myself—and smelt by Colonel Arbuthnot? She, like the extra conductor, has disappeared. Where is she? And where is the conductor's uniform and the red dressing gown?"

"That's it!" cried Bouc. "We ⑫shall search all the luggage on the train!"

Just as the three men rose to conduct the search, a scream was heard ⑬down the hall. In a moment, Mrs. Hubbard burst into the dining car.

"Terrible!" she yelled. "It's too terrible! In my sponge bag! A big knife—all bloody—"

Suddenly, she fell onto Mr. Bouc in a dead faint.

Chapter 22

(☞ p. 190)

The Weapon

After calling for an attendant to look after Mrs. Hubbard, Poirot, Constantine, and Bouc rushed to her room. A crowd ①had gathered around her door. Pierre Michel, who was guarding the door, let the three men in.

"It's there," he said, ②pointing to the floor. "I haven't touched it."

They ③saw a sponge bag hanging on the door to the next room. ④There, on the floor under the bag, was the knife, ⑤where Mrs. Hubbard had dropped it. It was covered in dried blood.

⑩ 直前にbeingが省略されており、下線部全体が**付帯状況を表す分詞構文**になっている。「深く考え込みながら」の意味。

⑪「人＋in＋色を表す語句」の形で「〜色の服を着た人」の意味。ここは「赤い服を着た女性」。

⑫「〜しよう、きっと〜する」という**未来・意志を表すshall**。主にイギリス英語での用法。

⑬「〜の向こうで」の意味の**前置詞**。ここは「廊下の向こうで」の意味。

Chapter 22

① **過去完了形**によって、すでに人が集まっていたことが表されている。

② **付帯状況を表す分詞構文**で、「（床を）指差しながら」の意味。

③ **知覚動詞see**を用いたsee 〜 -ing（〜が…しているのを見る）の構文。ここではhangingという現在分詞によってポーチが「ぶら下がっている」状態が表現されている。

④ The knife was there, on the floor under the bag. の語順が**倒置**され、thereという場所が強調されている。なお、thereとon the floor under the bagは**同格**で、後者が前者を具体的に説明している。

⑤ there, on the floor under the bagをさらに説明する**関係副詞節**。「その場所にハバード夫人がそれ（＝ナイフ）を落としていた」の意味。

WORDS

□That's it! それだ！ □luggage ［名］手荷物 □burst into 〜に飛び込む □yell ［動］わめく □dead faint 気絶 □weapon ［名］凶器 □look after 〜の世話をする □crowd ［名］人の群れ

"What do you think, doctor?" asked Poirot, [6]picking up the knife.

"Yes," said Constantine, "that must be the murder weapon. It [7]could have made any of Ratchett's wounds."

Poirot [8]looked at the bag hanging from the door handle. [9]About a foot above the handle was the lock. Poirot stared at the lock for a long time. He seemed to be deep in thought.

Just then, Mrs. Hubbard entered the room.

"I must say," she announced, "I cannot stay in this room another night! I refuse! I'd rather sit in the hall than sleep in here!" She began to cry.

"Of course, madam!" said Bouc, [10]rushing to her side. "We will move you immediately. You [11]shall have a room on the Athens-Paris car. It is empty aside from me and Dr. Constantine."

"Oh," said Mrs. Hubbard, [12]wiping her eyes, "that's kind. I've had a terrible time in this room. And to sleep next to a dead man [13]would drive me crazy!"

"We'll move your things now," said Bouc, and he hurried her into the next car. Poirot and Constantine followed.

In her new room, Mrs. Hubbard looked around her happily.

"This will do nicely," she said.

"I am still [14]curious, madam, how the man entered your room if the door was locked," said Poirot. "You [15]had Greta Ohlsson check the lock, didn't you?"

"Yes, because I couldn't see it, remember? My sponge bag was hanging on the handle. I [16]shall have to get a new bag—"

"Miss Ohlsson lifted the bag out of the way to check the lock?" asked Poirot.

"Yes, that's what I've been telling you!"

"Of course," said Poirot. "Now, I must ask you for permission

⑥ **付帯状況を表す分詞構文**で、「(ナイフを)拾い上げながら」の意味。

⑦「could have +過去分詞」の形で、**過去の出来事の可能性についての推量**を表す。ここは「(ラチェットのどの傷をも)付けることができただろう」の意味。

⑧ p. 120の③にある知覚動詞seeの代わりにlook atを用いた、look at ～ -ing(～が…しているのを見つめる)の構文。

⑨ The lock was about a foot above the handle.という文の語句が**倒置**され、about a foot (above the handle)が強調されている。「取っ手の1フィートほど上部に錠があった」の意味。

⑩ **付帯状況を表す分詞構文**で、「(彼女のそばに)駆け寄りながら」の意味。

⑪ 話し手の**強い意志・確約を表すshall**の用法。ここは「(あなたに)必ず(アテネ–パリ間の車両の部屋を)使ってもらう」の意味。

⑫ ⑩と同様の**付帯状況を表す分詞構文**。「(両目を)ぬぐいながら」の意味。

⑬ **仮定法過去**で「(死人の隣で眠るのだとすれば、気が狂って)しまうことだろう」の意味。

⑭ **形容詞curious**はhowで始まる疑問節を従えて「どうやって～なのか不思議だ」の意味を表す。ここではmadamが挿入されている。

⑮ have ～ doの形で「～に…してもらう(ように手はずを整える)」という**使役**の意味。ここは「グレタ・オルソンに(錠を)調べてもらった」。

⑯ **話し手の強い意志を表すshall**の用法。「何としても(新しいポーチを手に入れ)なければならない」の意味。

WORDS

□foot [名]フィート《およそ30cm》 □refuse [動]拒否する □aside from ～を除いては □wipe [動]ぬぐう □drive [動](悪い状態などに)至らせる □out of the way 邪魔にならないようにどけて □permission [名]許可

to look into your bags. We ⑰will be searching everybody's luggage."

Mrs. Hubbard agreed. The men took down her suitcase and looked through it but found nothing. They thanked her and moved onto the other passengers.

Chapter 23 (☞ p. 192)

TRACK 23

The Luggage

①It did not take very long for the men to search each passenger's bags. They started with Hardman, ②who didn't seem to mind being searched.

"I was wondering why you hadn't done this earlier," he told Poirot with a smile. "I suppose the American way is to do things immediately—③no waiting around."

"The American way is much more effective than the European way," said Poirot ④smiling back. "But, when it comes to women, I believe I prefer Europeans. A beautiful French girl when she smiles—there is nothing better!"

Hardman looked out the window. When he looked back, his eyes were wet.

"That snow is too bright to look at," he said, ⑤wiping his eyes. Just then, Bouc finished his search. He had discovered nothing, and they moved on.

Colonel Arbuthnot was next. He sat ⑥smoking his pipe and didn't object when they searched his bags. They discovered a package of pipe cleaners. They were the kind ⑦found in Ratchett's

⑰ **確定的な未来の予定を表す未来進行形**。ここは「(全員の荷物を)調べることになっている」の意味。

Chapter 23

① itは**形式主語**で、to searchという名詞的用法のto不定詞を代表している。to search以下が主語としては長すぎるため、この形をとっている。なお、for the menはto searchの意味上の主語。「男たちが(各乗客の荷物を)調べるのにさほど時間はかからなかった」の意味。

② **関係代名詞の非制限用法**で、ここはand heと読み換えることができる。

③「何もしないで待ったりしない」の意味で、There is no waiting around.のthere isが省略された形だと考えられる。noが形容詞でwaiting aroundという動名詞句を修飾している。

④ **付帯状況を表す分詞構文**で、「ほほえみ(返し)ながら」の意味。

⑤ これも**付帯状況を表す分詞構文**。「(両目を)ぬぐいながら」の意味。

⑥ 同じく**付帯状況を表す分詞構文**。「(パイプを)くゆらせながら」。

⑦ 過去分詞foundが直前の名詞the kindを**後置修飾**している。「(ラチェットの部屋で)見つかった(のと同じ)種類」の意味。直前にthat [which] wasが省略されていると考えることもできる。

WORDS

□move onto 次の〜に移る □mind [動]〜を嫌がる □wonder [動]〜を不思議に思う □wait around ブラブラしながら待つ □move on 先へ進む □object [動]異議を唱える

room. Poirot took them as evidence and moved on.

Princess Dragomiroff was next, then the Count and Countess. Each agreed to being searched, and each produced nothing of interest. ⑧After that was Mrs. Hubbard's old room, then ⑨Ratchett's, then Poirot's. They skipped these, and then moved on to the second-class cars. The first belonged to Mary Debenham and Greta Ohlsson.

"Miss Ohlsson," said Poirot. "I believe Mrs. Hubbard has had a difficult day. Would you be ⑩so kind as to check on her?"

"Oh, yes!" said Greta, ⑪standing up. "Poor woman. I will go to her now."

After she left, Poirot turned his eyes to Mary Debenham.

"You did that to get me alone," she said.

"I just wanted to ask you something privately. I ⑫heard you and Colonel Arbuthnot talking on the journey from Syria. You told him, 'Not now. When it's all over.' What did you mean by that?"

Mary's face burned red, but she stayed silent.

"You must tell me," said Poirot.

"I ⑬will not," she said firmly. "I refuse. But I can tell you this: ⑭I'd never set eyes on that man Ratchett until I boarded this train."

"Even if you won't tell me," said Poirot, "I'll find out." He gave a slight bow and moved on.

Next was the room of Hildegarde Schmidt. She invited them in and stood aside as they searched her things. A small suitcase contained nothing useful, but when Bouc opened a second, larger suitcase, he cried out.

There, ⑮on top, was a rolled-up Wagon Lit conductor uniform.

Poirot immediately took a closer look ⑯to find that it was missing a silver button. He looked into the pockets and found a conductor's key.

⑧ Mrs. Hubbard's old room was after that. という文の語句が**倒置**され、after thatが強調されている。「そのあとはハバード夫人の元の部屋だった」の意味。

⑨ Ratchett'sとPoirot'sは語句（ここではroom）の重複を避けるための**独立所有格**。それぞれ直後にroomが省略されていると考えてもよい。

⑩ so ～ as to doの形で「…するほど～だ、とても～なので…する」の意味。ここではWould you ～？という**依頼**の文中で用いられ、「（彼女の様子を）見るほど親切になっていただけますか？＝お手数ですが（彼女の様子を）見ていただけますか？」ということ。

⑪ **付帯状況を表す分詞構文**で、「立ち（上がり）ながら」の意味。

⑫ **知覚動詞hear**を用いたhear ～ doing（～が…しているのを聞く）の構文。「あなたとアーバスノット大佐が話しているのを聞いた」の意味。

⑬ 話者の**強い意志を表すwill**の用法。

⑭ この'dはhadの縮約形で、I had never set eyes on that man Ratchett until ...で「…まであのラチェットという男を見掛けたことは一度もない」の意味。なお、that manとRatchettは**同格**。

⑮ on top（一番上に）という場所を表す副詞句が挿入されている。文頭または文末に置かれるのが普通。

⑯ **to不定詞の副詞的用法**で、文脈から「結果」を表しているとわかる。and foundと読み換えれられる。

WORDS

□produce ［動］（証拠などを）示す　□skip ［動］～の順番を飛ばす　□belong to ～の所有である　□would you be so kind as to すみませんが～していただけませんか
□firmly ［副］断固として　□set eyes on ～を見る　□even if たとえ～だとしても
□rolled-up ［形］クルクルと巻いた

Hildegarde's face fell.

"No!" she cried. "I swear, I don't know where that came from!"

"It's all right," said Poirot, [17]calming her. "Please, sit. We believe you. I know that uniform is not yours, just as I know that you are a good cook."

He smiled and [18]patted her on the arm as she sat.

"You are a good cook, aren't you?"

[19]Confused, but calming down, she smiled.

"Yes," she said, "all my ladies have said so."

"Good," said Poirot. "Now, we'll take this uniform as evidence, but we know it's not yours. This is what happened: the murderer [20]comes out of Ratchett's room. He runs into you. That is bad luck for him. [21]He'd hoped that no one would see him. Now he must get rid of the uniform. What does he do next? He knows you have just left your room, so he goes in and leaves the uniform there."

That seemed to calm Hildegarde, so the three men left the room.

"Now we know the killer had a key as well! He could get in and out of any room he wanted," said Bouc.

"It certainly *appears* that way…" replied Poirot.

Lastly, they searched MacQueen's room, then the room shared by Masterman and Foscarelli. They found nothing. They were all wondering the same thing: where was the red dressing gown?

[22]It had been a long afternoon, and the three men decided to take a short break before meeting in the dining car. Poirot went to his room to get his cigarettes. But as soon as he saw his suitcase, he stared in shock. *There, [23]folded neatly on top of the suitcase, was [24]the red dressing gown.*

"A challenge!" thought Poirot. "Very well, I accept!"

⑰ **付帯状況を表す分詞構文**で、「(彼女を)落ち着かせながら」の意味。

⑱「打撃などを表す動詞+人+in / on / over+the+体の部位」の形で、「人の〜を…(たたくなど)する」。体の部位を表す語句にtheが付く点に注意。ここはpatted her on the armで「彼女の腕を軽くたたいた」の意味。

⑲ **付帯状況を表す分詞構文**。「混乱しつつも落ち着きながら」の意味。confusedとcalmingの前にbeingが省略されている。

⑳ ここで動詞に現在形が用いられているのは、過去のことを臨場感を持って表現するためで、物事が眼前にあるかのように描写する用法。以降、runs、isなど全て同じ。

㉑ ここだけHe had hoped that no one would see him.(彼は誰からも自分の姿を見られなければいいと望んでいた)と、本来の時制である**過去完了形+過去形**で表現されている。

㉒ このitは時間を表している。また、had beenという**過去完了形**で、この時点までの時間的な継続が表されている。

㉓ この挿入句は、本来なら文末のthe red dressing gownをthe red dressing gown folded neatly on top of the suitcaseという形で後置修飾するはずのもの。

㉔「**there is構文**」の中でtheの付いた旧情報(読み手がすでに知っている情報)が用いられている。red dressing gownの重要性を読み手に喚起する意図がある。

WORDS

□swear [動]誓って言う □calm [動]落ち着かせる □pat [動]軽くたたく □get rid of (好ましくないものを)処分する □as well おまけに □appear [動]〜のように見える □very well よろしい □challenge [名](決闘などの)挑戦

Murder on
the Orient Express

PART III

Chapter 24 (☞ p. 194)

Certain Points

TRACK 24

Bouc and Constantine were talking when Poirot entered the dining car. They both looked upset.

"This case is impossible!" said Bouc. "①You will never be able to solve it."

"I disagree," said Poirot. "There are many telling points. You simply haven't been listening."

"What points are those?"

"For one, MacQueen said Ratchett does not speak any languages."

Bouc and Constantine stared.

"Don't you see? When the conductor answered Ratchett's bell, the voice that came from Ratchett's room spoke French. It was advanced French—②nothing a man with a few simple phrases would know."

"You're right!" cried Constantine. "So the voice ③must have been that of the murderer!"

"Well, now, ④let's not rush things," said Poirot. "A second telling point is that this train is unusually crowded for this time of year. We see that the Athens-Paris car is almost empty. ⑤So is the Bucharest-Paris car. ⑥It is only the Istanbul-Calais that is full. I believe this is important."

Bouc and Constantine looked at each other with similar confused expressions.

"There are several other points we need to clear up," continued Poirot. "One, the position of Mrs. Hubbard's sponge bag. Two, the

Chapter 24

① この**you**は人一般を指しており、ポアロを名指しするものではない。「誰もこの事件を解決できないだろう」の意味。一方、次のポアロのせりふYou simply haven't been listening. のyouは、ブークとコンスタンチンの２人を指している。

② ここは直前のadvanced French（上級のフランス語）を説明しており、that's nothing that [which] a man with a few simple phrases would know（それは2、3の簡単なフレーズしか身につけていない人が知っていそうなものではあり得ない）と、マーカー部の語句を補って考えるとわかりやすい。この文のwithは「～を持った」の意味の「**所有**」を表す。また、would knowのwouldは「～の人だとすれば知っている（はずがない）だろう」の意味の**仮定法**。

③「must have＋過去分詞」の形で、**過去の事柄についての確信度の高い推量**を表す。ここは「（殺人犯の声）だったに違いない」の意味。

④ **let's not do**の形で「～しないようにしよう」の意味。let's doの否定形。

⑤ 前文の内容を受ける**副詞so**が強調のために文頭に置かれ、語句が倒置されている。The Bucharest-Paris car is so. が通常の語順。

⑥「**強調構文**」と呼ばれるIt is ～ that... の形。isの直後の語句が強調される。ここは「満席なのはイスタンブール–カレー間の車両だけだ」の意味。

WORDS

□disagree［動］意見を異にする　□telling［形］（証拠などが）有力な　□advanced［形］洗練された　□rush things 事を急く　□expression［名］表情　□clear up（疑問などを）解決する

name of Mrs. Armstrong's mother. Three, the owner of the handkerchief found in Ratchett's room. Four, Princess Dragomiroff's first name. And five, a dirty spot on a Hungarian passport."

"None of those things mean anything to me," said Dr. Constantine.

Bouc reached for Countess Andrenyi's passport.

"You mean this dirty spot?"

"Yes. Look at ⑦where that spot is—right at the beginning of the Countess's first name."

"It reads Elena Andrenyi," said Bouc.

"Correct. Now ⑧imagine if that spot was put there to cover up a letter. Say, for example, if the Countess's name was really Helena—the H was changed to a large E that ran over the small e. Then a grease spot was added to cover up the changes."

"I see," said Constantine, "but why?"

"The lady's handkerchief ⑨found in Ratchett's room had the letter H on it," said Poirot.

"Ah! So we ⑩find the handkerchief, and in a hurry, she changes her name from Helena to Elena to hide the fact that the handkerchief was hers!"

"Again, you rush," said Poirot. "There are other details. Let me go back to Mrs. Armstrong's mother's name. We know she is ⑪the actress Linda Arden. However, that is a stage name. Linda Arden's real name was Goldenberg, and she had two daughters: Sonia Goldenberg, who married Colonel Armstrong, and a much younger daughter named Helena. What I'm suggesting, gentlemen, is that Helena Goldenberg married Count Andrenyi when he was working in Washington. She is Countess Andrenyi!"

"Incredible!" said Constantine.

"This explains why she ⑫would want to kill Ratchett and why

⑦ このwhereは**場所を表す関係副詞**だが、ここでは直前に先行詞the placeが省略されている。そのため、whereで始まる節全体が名詞節としてatの目的語となっている。「しみの付いている場所を見てくれ」の意味。

⑧ **imagine if** ～の形で「もし～だったらと想像する」の意味。if節の中では仮定法が使われることが多いが、ここでは直説法になっている。

⑨ 過去分詞foundが(the lady's) handkerchiefを**後置修飾**している。foundの直前にthat [which] wasが省略されていると考えてもよい。

⑩ **動詞の現在形**を用いて、過去の事柄を眼前にあるかのように臨場感を持って描写する用法。続くchangesも同様。

⑪ the actressとLinda Ardenは**同格**で、同一人物。

⑫ この**wouldは仮定法**。she would want to kill Ratchettは「(もしそうであるなら)彼女はラチェットを殺したいと思うだろう」の意味。同じ文の後半にあるwould changeのwouldも同じ。

WORDS

□spot [名]しみ □right at まさに～のところ □cover up すっかりおおう □say [間]ほら □detail [名]細部 □stage name 芸名 □incredible [形]信じられない

she would change her name on her passport. But gentlemen, ⑬what's interesting is that the handkerchief is not hers."

"What ⑭on earth do you mean?" cried Bouc.

Bouc and Constantine were completely lost now.

"You shall see," said Poirot. "We'll start by asking the Countess to talk to us."

Chapter 25

(☞ p. 195)

TRACK 25

The Dirty Spot

Countess Andrenyi arrived in the dining car with the Count.

"Countess," ①started Poirot, "I believe you dropped this." He held out the handkerchief.

"That's not mine," said the Countess.

"Oh? I thought it was yours because it has your initial—the letter H."

The Count made a sudden movement, but the Countess held him back.

"I don't understand," said the Countess. "My initials are E.A."

"No, your name is Helena Goldenberg. You are the younger daughter of Linda Arden and sister ②to Sonia Armstrong."

Silence filled the dining car for a full minute.

"It's true, isn't it?" asked Poirot gently.

Finally, the Countess replied in a clear voice, "Yes, it's true. I believe we ③better sit down and talk."

Once ④seated, the Countess began her story:

⑬ 先行詞the thingを含む**関係代名詞what**で、以降の文をthe thing that [which] is interesting is that the handkerchief is not hers.と読み換えることができる。この場合、the thing that [which] is interesting（興味深いこと）の部分が文の主語。

⑭ **on earth**は「いったいぜんたい（～なのか？）」の意味を表す副詞句で、通例このように疑問詞の直後に挿入される。

Chapter 25

① 直接話法の伝達部分で使われる主語と動詞の**倒置**で、ここではstartedがsaidなどの代わりの役割を果たしている。

② この**to**は「～にとって（の）」の意味。sister to Sonia Armstrongで「ソニア・アームストロングにとっての妹にあたる人」ということ。

③ had better（～したほうがよい、～しないとまずい）のhadが**省略**されている。口語的な形。

④ 直前にshe wasが**省略**されている。なお、文頭のonceは「一旦～すると」の意味の接続詞。Once (she was) seated,は「一旦、腰掛けると」の意味。

WORDS

□what on earth いったいぜんたい □lost［形］途方にくれた □hold out ～を差し出す □hold someone back（人を）押しとどめる □better［助］～したほうがよい

"I am Helena Goldenberg, and [5]that man Ratchett was responsible for the deaths of my niece, my brother-in-law, and my sister. I have a strong motive [6]for killing him. [7]Then Ratchett is found murdered and we hear that a handkerchief with the letter H was found in his room. We felt I [8]would be the main suspect, so my husband changed my passport to protect me. But we both swear to you that I never touched that man."

"I give you my word of honor," said the Count. "Helena took her sleeping medicine last night and slept until morning. I'm sorry we lied to you about her identity, but it was necessary."

Poirot was silent for a moment.

"What can you say about the handkerchief with the letter H?"

"It is not mine, I swear."

"If you want me to believe you, then you must help me," said Poirot.

"How?"

"The reason for this murder lies in the Armstrong family's past. You must take me back into that past and tell me about the Armstrong household."

"But they're all dead!" Helena began to cry.

"Who was the nanny—[9]the young woman who killed herself?"

"Susanne? Poor thing, she had nothing to do with it—"

"What was her nationality?"

"French."

"What was her last name?"

"I—I don't remember."

"What about the household nurse?"

"A woman named Stengelberg, I think."

"And [10]your governess?"

"A large, middle-aged woman. She was Scottish, with bright red

⑤ that man と Ratchett は**同格**で、同一人物。

⑥「〜のため（の）」の意味を表す目的の**for**。ここは「（彼を殺す）ための（動機）」の意味。

⑦ この文では、p.134 の⑩と同様に、動詞の現在形を用いて過去の事柄が臨場感を持って描写されている。「そんな状況で、ラチェットが殺されているのが見つかり、私たちはHの文字の入ったハンカチが彼の部屋で見つかったと聞くのです」といったニュアンス。

⑧ この**would**はfeltとの時制の一致によって、未来表現のwillが過去形になったもの。

⑨ 直前のthe nannyを説明する**同格の名詞句**で、who以下はthe young womanを先行詞とする限定用法の関係代名詞節。「（すなわち）自殺した若い女性」の意味。

⑩ 直前に、2行上にあるのと同じWhat aboutまたはHow aboutが**省略**されている。「あなたの家庭教師（について）はどうか？」の意味。

WORDS

□niece ［名］めい □brother-in-law ［名］義兄 □swear to 〜に誓って言う □give one's word of honor 名誉にかけて言う □take someone back into past（人を）過去へといざなう □household ［名］一家 □nanny ［名］子守 □nationality ［名］国籍

hair. She was a loud, rough woman. I remember ⑪being afraid of her."

"Her name?"

"Mrs. Freebody."

"Thank you, Countess," said Poirot. "You ⑫have told me everything I needed to know."

Chapter 26 (☞ p. 197)

Princess Dragomiroff's Name

TRACK 26

As soon as the Count and Countess left the dining car, the door opened and Princess Dragomiroff walked in.

"What a surprise!" said Bouc. "Please, what can we do for you, Princess?"

"I believe you have my handkerchief."

①Puzzled, Bouc and Constantine looked at each other.

"Here it is," said Poirot, ②handing the handkerchief to her.

"But—but—your name is Natalia Dragomiroff," said Bouc. "Why ③the letter H?"

The Princess looked at him coldly.

"I am Russian. All my handkerchiefs are initialed in Russian characters. H is N in Russian."

Poirot shot a knowing look at his two friends.

"Excuse me for saying this, Princess, but how did your handkerchief end up in the dead man's room?" asked Poirot.

"I have no idea."

⑪ **remember**は、目的語にこのように動名詞をとると「〜したことを覚えている、〜したことを思い出す」の意味を表す。ここでは「(自分が彼女を怖がって) いたことを (覚えている)」の意味。

⑫「(私が知る必要のあった全てを) 話し終えた」の意味の、**完了を表す現在完了形。**

Chapter 26

① **付帯状況を表す分詞構文**で、直前にbeingが省略されている。「困惑して、困惑しながら」の意味。

② これも**付帯状況を表す分詞構文。**「(ハンカチを彼女に) 手渡しながら」の意味。

③ 直前にisが**省略**されている。

WORDS

□loud [形] 声の大きい □rough [形] 気性の荒い □Here it is. ここにあります。どうぞ。 □hand [動] 〜を手渡す □character [名] 文字 □shoot a look 視線を投げかける □knowing [形] 訳知り顔の □end up in 最後に〜に行く □have no idea わからない

"④How can we trust that you are not lying? You have lied to us before."

"⑤You mean because I did not tell you that Countess Andrenyi was Helena Goldenberg?"

"Yes."

"Her mother was a great friend of mine, Mr. Poirot. I lied about who she was ⑥to protect her, and I ⑦would do it again."

With that, she took her handkerchief and left the room.

"Lies upon lies!" said Bouc after she was gone. "I can't believe so many liars are on this train."

"And there are ⑧many more!" said Poirot. "Let's talk to Mary Debenham again."

Chapter 27

(☞ p. 198)

TRACK 27

The Truth about Mary Debenham

When Mary arrived in the dining car, Poirot studied her appearance again. She was young and thin with dark hair and dark eyes. Everything about her was quiet—①her voice, her style, her attitude. Yes, she was indeed the governess he was looking for.

"Miss Debenham," said Poirot as she sat down, "I know who you really are."

"What ②could you possibly mean?" she asked in her calm, quiet way.

"You were Helena Goldenberg's governess. You lived and worked in the Armstrong household for several years."

④ How can ～?は**異議や抗議を表す修辞疑問文**として用いられることがある。ここでは「どうやって(信じろと)言うのか？　信じるのは無理だ」という反語的なニュアンス。

⑤ **You mean**は「つまり～ということか？」という意味の疑問文を作る。語句や節などあらゆる要素が続く可能性があるが、ここではbecauseで始まる理由を表す節を従えて「つまり(私が、アンドレニ伯爵夫人がヘレナ・ゴールデンバーグだと言わなかったから)なのか？」という意味を表している。

⑥ **to不定詞の副詞的用法**で、「(彼女を)守るために」という「目的」を表している。

⑦ この**wouldは仮定法**。「(もし同様の機会があれば、またうそを) つくつもりだ」という意志を表している。

⑧ many moreは「さらに多くの」の意味の**形容詞句**で、通例、可算名詞の複数形が続く。したがって、ここでは直後にliarsが**省略**されていると考えればよい。

Chapter 27

① 文頭のEverything (about her)の内訳を説明しており、文法的にはeverythingと**同格**。

② この**couldは仮定法**で、このように疑問文で用いられることで「いったいぜんたいあり得るのか？」という強い疑念を表す。ここではさらに、同様のニュアンスを持つ副詞possiblyを添えて「いったいぜんたい何を言っているのか？」という意味を表している。

WORDS

□liar [名]嘘つき　□appearance [名]外見　□thin [形]やせた　□possibly [副]いったいぜんたい

③Her eyes grew wide, but she stayed silent.

"My friend," broke in Bouc, "④what makes you think that?"

Poirot looked straight at Mary as he talked.

"Countess Andrenyi, ⑤or Helena Goldenberg, told me. She said her governess was a large, middle-aged, loud, Scottish lady—the exact opposite of Miss Debenham in every way. When I asked what her governess's name was, she said 'Freebody.' I'm aware there is a famous store in England ⑥called Debenham and Freebody. She said Freebody because it was the first name that came to her. She lied in this way ⑦to protect the identity of Mary Debenham."

"My God!" said Bouc.

"Mr. Poirot, you've said enough," said Mary. Tears were filling her eyes. "I must ask to ⑧be excused!"

She ran out of the dining car.

"Incredible," said Constantine. "I ⑨wouldn't be surprised if everybody on this train is connected to the Armstrongs!"

"⑩How right you are!" said Poirot. "My guess is that the Italian was the Armstrongs' driver. Hildegarde Schmidt was the cook. The English valet was Colonel Armstrong's valet. The Swedish lady was the nurse. The game is over. Let's call everybody into the dining car. I have two different theories ⑪to share."

TRACK 28

Chapter 28 (☞ p. 198)

Two Solutions

All of the passengers on the Istanbul-Calais car gathered in the

③ この文中のgrewとstayedはいずれも**be動詞の代用**。Her eyes were wide, but she was silent.という文に、状態の変化や継続の情報を付加していると考えればよい。

④ **疑問代名詞what**を主語にした「物主構文」の形で理由を尋ねている。Why do you think that?と同じ意味。

⑤ **接続詞or**には「すなわち」の意味の言い換え・訂正の役割がある。

⑥「〜と呼ばれている」の意味の過去分詞calledが、前のa famous storeを**後置修飾**している。直前にwhich [that] isが省略されていると考えてもよい。

⑦ **to不定詞の副詞的用法**で、「(身元を)保全するために」という「目的」を表している。

⑧ このexcuseは「〜の中座・退席を許す」の意味で、このように**受動態**で用いられて「退席する、失礼する」。

⑨ この**wouldは仮定法**。「驚きはしないだろう」という推量を表している。ここでは、後続のifで始まる条件節は直説法で表現されている。

⑩「あなたは何と正しいのか!」つまり「まさにそのとおりだ!」の意味の**感嘆文**で、ここでは相手の発言内容を称賛している。

⑪ **to不定詞の形容詞的用法**で、直前のtwo different theoriesを修飾しており、その部分がto shareの意味上の目的語(share two different theories[2種類の説を共有する]という形が成り立つ)となっている。文全体をI have two different theories that [which] I should share.と読み換えることもできる。

WORDS

□break in 話に割り込む □opposite [形]正反対の □in every way あらゆる点において □be excused 失礼する □theory [名]説 □solution [名]解決法

dining car. They all looked at Poirot with the same expression—a mixture of curiosity and concern. The conductor Pierre Michel stood in the back. When everybody was settled, Poirot started his speech.

"The death of Samuel Edward Ratchett, ①or Cassetti, has two possible solutions. I will explain both, and I will ask Mr. Bouc and Dr. Constantine which is the correct solution.

"You all know the facts. ②Mr. Ratchett was found stabbed this morning. He ③was last known to be alive at 12:40 last night, ④when he spoke to the conductor through the door. A watch ⑤found in his pocket ⑥had stopped at 1:15. Dr. Constantine put the time of death between midnight and 2 a.m. At 12:30. last night, the train stopped because of snow. After this time, ⑦*it was impossible for anyone to leave the train.*

"Mr. Ratchett knew he had an enemy. He described this enemy to ⑧Mr. Hardman, a private detective, as a small, dark man with a womanish voice. This man boarded the train at Belgrade or Vincovci by a door ⑨left open by Colonel Arbuthnot and Mr. MacQueen. He had a conductor's uniform that he wore over his clothes and a key that could open all doors. Ratchett had taken a sleeping medicine. The man stabbed Ratchett many times and left the room through the door that led to Mrs. Hubbard's room. He put the knife into Mrs. Hubbard's bag and lost a button on his uniform. Then he went out into the hall, threw his uniform into an empty room, and a few minutes later, left the train by the same door just as the train left Vincovci."

"But what about the watch?" asked Mr. Hardman.

"Yes, the watch. *Ratchett had forgotten to set it back one hour when we left Tzaribrod. It was actually 12:15 when Ratchett was stabbed.*"

Chapter 28

① 「すなわち」の意味を表す**言い換え・訂正のor**。

② 「**find＋目的語＋補語**」の形で「～が…であるのを見つける」の意味。これが受動態で用いられ、「ラチェット氏が刺されているのが見つかった」の意味を表している。

③ **be known to be** ～の形で「～であることが知られている」。これに副詞lastが加えられ、過去形で用いられて「(彼は12時40分に)生きていることが最後に確認された」の意味。

④ **関係副詞when**の非制限用法で、後続の節の内容が先行詞12:40 (last night)(昨夜12時40分)という時間を補足説明している。このwhenはand thenと読み替えてもよい。

⑤ 過去分詞foundがa watchを**後置修飾**している。直前にwhich [that] wasが省略されていると考えてもよい。

⑥ **過去完了形**によって、時計が止まった1時15分がfound (見つかった)のタイミングよりも時間的に前であることが表現されている。

⑦ **itは形式主語**で、文後半のto leave (the train)というto不定詞を代表している。for anyoneがto leave (the train)の意味上の主語。「列車を離れるのは誰にとっても不可能だった」の意味。

⑧ Mr. Hardmanとa private detectiveは**同格**で、同一人物。

⑨ 過去分詞leftがa doorを**後置修飾**している。このleftは「leave＋目的語＋補語」(～が であるままにする)が受動態で用いられ、さらにbe動詞が省かれた結果と考えられる。したがって、ここはa door (that [which] had been) left openのカッコ内が省略された形とも解釈できる。

WORDS

□mixture ［名］混じり合い　□concern ［名］心配　□settle ［動］腰を落ち着ける
□put ［動］～を…と見積もる　□describe ［動］言い表す　□private detective 私立探偵
□just as ちょうど～のとき

There was a long silence. Then [10]suddenly came a yell.

"No!" yelled Dr. Constantine. "It doesn't work. The train left Vincovci at 12:20. What about the French-speaking voice at 12:40? What about the pipe cleaner? And the handkerchief? There are many other points [11]where this explanation does not work!"

"Then I will give you the second theory," said Poirot. "First, something Mr. Bouc said gave me an idea. He said that the train [12]attracts people of all nations and classes. I agreed, and I thought of another place where such a mix of people can be together: America. [13]Only in an American house might there be a mix of different classes and nations: an Italian driver, an English governess, a Swedish nurse, a French nanny, so on. That led me to guess the part of each person in the Armstrong household.

"[14]My second interview with Mr. MacQueen made me suspect his involvement in the murder. When I mentioned the note [15]mentioning the Armstrongs, he said, 'But surely—' and stopped himself. Then he said, 'I mean, that was rather careless of Ratchett.' It was a strange thing to say. [16]It occurred to me that he was probably going to say, 'But surely that was burned!' MacQueen knew about the note—he was involved.

"Then the valet. He said Ratchett always took sleeping medicine. That might be true, but [17]would Ratchett have taken the medicine that night? He feared an attack, and I found a loaded gun under his pillow. Ratchett had wanted to be awake that night. So he [18]must have been drugged without his knowledge. Only his valet or secretary could do that.

"Next, Mr. Hardman's evidence proved that no one from any other part of the train [19]could have murdered Ratchett. He watched the hall all night and [20]would have seen an outsider enter the car.

⑩ A yell came suddenly.の語順が**倒置**され、副詞suddenlyが**強調**されている。

⑪ **関係副詞where**は、本来、場所を表す語句を先行詞とするが、ここのpoint(s)(論点)のような事例・事情・場合などを表す語句を先行詞とすることもある。

⑫ 人や物事の**普遍的な性質・特徴を表す現在時制**の用法。文の主節の時制はsaidと過去だが、この用法は時制の一致の影響を受けない。次の行のcanも同様。

⑬ There might be a mix of different classes and nations only in an American house.という文の語順が**倒置**されている。一般的にnotなどの否定語を強調するために文頭に置くと、以降の語順が倒置されるが、onlyも否定語に近い意味を持つので、このように倒置を起こす。

⑭ 原因・理由を表す「無生物」(ここではmy second interview with Mr. MacQueen)を主語にして、それが人間に作用を及ぼす形で表現する「**物主構文**」。「2度目のマックイーン氏との面談があったので、私は～を疑った」の意味。

⑮ **現在分詞mentioning**が、直前のthe noteを後置修飾している。「(アームストロング家に)言及している(メモ)」の意味。

⑯ It occurs to ～ that...の形で「～に…という考えが浮かぶ」の意味。このitはthat節の内容を代表する**形式主語**。

⑰「would have＋過去分詞」の形で、**過去の出来事についての推量**を表す。ここは「ラチェットは(あの夜、薬を)飲もうとしただろうか」の意味。

⑱「must have＋過去分詞」の形で、**過去の出来事についての確信度の高い推量**を表す。ここは「(だから彼は、知らずに)薬を飲まされたに違いない」の意味。

⑲「could have＋過去分詞」の形で、**過去の出来事の可能性についての推量**を表す。ここは「(列車内にいた誰も)ラチェットを殺せなかっただろう」の意味。

⑳ これは**仮定法過去完了**で、過去の事実に反する仮定。「(もし部外者が車両に入ってきたなら)目撃しただろう」の意味。

WORDS

□yell [名]叫び声 □explanation [名]説明 □attract [動]引き付ける □so on などなど □involvement [名]関与 □loaded [形]弾丸を込めた □drug [動]～に薬を飲ませる □without one's knowledge 知らない間に

"Then there was the conversation I heard between Colonel Arbuthnot and Mary Debenham. I knew that they were very close but were acting like strangers for some reason.

"We come next to Mrs. Hubbard. She told us she couldn't see the door lock from her bed because her bag was hanging in front of it. She said she asked Miss Ohlsson to look [21]for her. Her statement [22]would have been true if she had been in an even-numbered room where the lock [23]is *under* the door handle. But in the odd-numbered rooms, such as the No. 3 where she was, the lock is about a foot *above* the handle. I knew she was lying.

"Now we come to the most interesting point of the case: The time. A watch [24]was found stopped at 1:15 in Ratchett's pajama pocket. But a pocket is a strange and uncomfortable place [25]to put a watch before bed, especially since there is a 'watch hook' nearby. I knew the watch [26]must have been placed as false evidence to point to a time when every person on the train had a strong alibi. So, if the murder *did not* occur at 1:15, when did it occur?

"At twenty minutes to one, I [27]heard someone cry out from Ratchett's room. But of course Ratchett was drugged and asleep. He [28]couldn't have cried out! Then someone in Ratchett's room [29]speaks French to the conductor—but Ratchett can't speak French. Suddenly, I realized this was all an act to fool me! [30]In case I wasn't clever enough to know that the voice from Ratchett's room [31]couldn't have been Ratchett, MacQueen pointed out to me that Ratchett couldn't speak French! Very well done. The act worked—I heard the cry in the night, I looked out into the hall, and I saw the lady in the red dress. I became a witness in a false crime that was created to cover up the real murder.

"At 1:15, I believe Ratchett was still drugged and asleep. I believe the murder occurred *after* all the activity died down, at

㉑「〜の代わりに」の意味を表す**代理・代用・交換のfor**。ここは「(彼女の)代わりに(見る)」の意味。

㉒ **仮定法過去完了**で、過去の事実に反する仮定が表されている。「もしも彼女が(偶数番の部屋に)いたなら、(彼女の発言は)正しかっただろう」の意味。

㉓ 人や物事の**普遍的な性質・特徴を表す現在時制**の用法。この列車内のドアの錠の取り付け位置は、時間がたっても変わらない。次の行のthe lock isのisも同じ。

㉔「〜が…であるのを見つける」の意味の「**find＋目的語＋補語」の受動態**。「(時計が1時15分で)止まっているのが見つかった」の意味。

㉕ to putが**to不定詞の形容詞的用法**で、直前のa strange and uncomfortable placeを修飾しており、その部分がto put a watchの意味上の目的語となっている。

㉖「must have＋過去分詞」の形で、**過去の出来事についての確信度の高い推量**を表す。ここは「(その時計がにせの証拠として)置かれたに違いない」の意味。

㉗ **知覚動詞hear**を用いたhear 〜 do(〜が…するのを聞く)の構文。

㉘「could have＋過去分詞」の否定形で、**過去の出来事の可能性についての推量**。ここは「(彼は叫ぼうと思っても)叫べなかっただろう」の意味。

㉙ **動詞の現在形**を用いて過去の事柄が臨場感を持って描写されている。「(ここで、ラチェットの部屋にいた人物が車掌にフランス語で)話し掛けるわけです」といったニュアンス。

㉚ **in case (that)** 〜は「万が一〜だといけないので、〜である場合に備えて」の意味を表すが、that節内で未来形(willやwouldを用いた未来表現)が使われない点に注意。

㉛ このcouldn't have beenは「〜であったはずがなかろう、〜ではあり得なかっただろう」という**過去の可能性を強く否定する推量表現**。

WORDS

□statement [名]供述 □even-numbered [形]偶数の □odd-numbered [形]奇数の □uncomfortable [形]心地が悪い □watch hook 時計かけ □false [形]虚偽の □fool [動]だます □witness [名]証人 □cover up 隠す □die down (活動などが)しだいに収まる □fix on 〜に釘づけになる □absolutely [副]完全に

around 2 a.m. So, who did it?"

Every pair of eyes was fixed on Poirot. Everyone was absolutely silent.

"[32]It was curious to me that anybody who might be connected to the murder had an alibi [33]given by an *unlikely* person," continued Poirot. "Mr. MacQueen and Colonel Arbuthnot—two people who seemed unlikely [34]to have met each other before—gave alibis for each other. The same with the English valet and the Italian, the young English woman and the Swedish nurse. I said to myself, 'This is incredible—they cannot *all* be in it!'

"And then, ladies and gentlemen, I saw the light. *They were all in it!* [35]For so many people connected with the Armstrong family to be traveling on the same train at the same time was not only unlikely, it was impossible. It was not by chance, it was *planned.*

"There are twelve passengers aside from myself and the conductor. Ratchett was stabbed twelve times. It was the perfect act, [36]each actor playing his or her part. [37]It was planned that if any one person was suspected more than the others, enough evidence was given to clear the accused person and confuse the issue. Hardman's evidence was necessary in case some outside person was to be suspected.

"This explained everything. The different nature of the wounds—[38]some strong, some weak. Hardman's story of being hired by Ratchett was a lie. It explained the woman in red—just another false piece of evidence. It explained the small, dark man with a womanish voice. He did not exist, and his description was carefully created not to endanger any of the real Wagon Lit conductors.

"I believe all twelve of the passengers entered Ratchett's room in turn and struck! They themselves would never know which

㉜ 文頭の**itは形式主語**で、that以降の節の内容を代表している。「(殺人と関係があるかもしれない全員が、意外な人物によってアリバイを裏付けられた)ということが私には興味深かった」の意味。

㉝ 過去分詞givenがan alibiを**後置修飾**している。直前にthat [which] wasが省略されていると考えてもよい。

㉞ **「to have＋過去分詞」の形は完了不定詞**とも呼ばれ、文や節の述語動詞(ここではseemed)よりも時間的に前に起きた事柄を伝える。ここは「(それ以前には互いに)会ったことが(なさそうに思えた2人)」の意味。

㉟ この文は、次のような形式主語itを用いたit is ～ for A to do (Aが…するのは～だ)の形に読み換えると理解しやすくなる。意味上、**not only ～ but (also)...の構文**が隠れている点に注意。

It was not only unlikely but impossible for so many people (who were) connected with the Armstrong family to be traveling on the same train at the same time.(これほど多くのアームストロング家の関係者が同時に同じ列車で移動しているというのは、ありそうもないばかりか不可能だった)

㊱ **現在分詞playingの形容詞用法**で、直前のthe perfect actを後置修飾している。playing (his or her part)の意味上の主語であるeach actorが明示されている点に注意。「それぞれの役者が自分の役を演じている(完璧な芝居だった)」の意味。

㊲ 文頭の**itは形式主語**で、that以降の節の内容を代表している。また、このthat節は、さらに2つの節で構成されており、二重構造になっている。「もし誰か一人が他の人物よりも強く疑われたら、その被疑者の疑いを晴らし、問題を混乱させられるだけの証拠が用意されるように計画された」の意味。

㊳ The different nature of the woundsの補足説明。some (wounds) were strong and some (wounds) were weakということ。

WORDS

□unlikely [形]思いもよらない、ありそうにない □aside from ～に加えて
□issue [名]問題点 □nature [名]特徴 □endanger [動]～を危険にさらす
□in turn 順番に

blow actually killed him.

"With no connection to the Armstrong family, nobody on the train [39]would have been suspected. The police would assume it was an outside job, with [40]the 'murderer' slipping off the train at the next stop. However, the letter was not completely destroyed, and the train ran into heavy snow. [41]To deal with these issues, I believe the group decided to confuse the issue even further. They placed two clues—the colonel's pipe cleaner and the princess's handkerchief—in the room. These two people were chosen because they seemed [42]the least connected to Ratchett. The princess, especially, is small and weak—an unlikely suspect for a murder that required physical strength.

"There was one more change to the plan—if Countess Andrenyi was discovered to be the sister of Sonia Armstrong, she would become the prime suspect for the murder. So the group agreed that the Countess would *not* participate in the murder. But because the handkerchief with the 'H' would be placed in Ratchett's room, it would be safer to change the Countess's name from Helena to Elena. Her husband quickly changed her passport. In this way, the Countess would now have no connection to the dead man or the clues in his room.

"The Countess was the only person who did not enter Ratchett's room last night. But that [43]gives us only eleven wounds—who was the last?

"It was, of course, the conductor. In the first place, the conductor had to be involved [44]for such a plan to work. But how could he be connected to the Armstrong family? He lived in France and was a long-time Wagon Lit employee. Then I remembered the French nanny who had killed herself. Could Pierre Michel be her father? That [45]would explain everything—including [46]why the

㊴ **仮定法過去完了**で、「(列車の乗客の誰も)疑われることはなかっただろう」の意味。文前半のWith no connection to the Armstrong family (アームストロング家とのつながりがなければ)がif節(条件節)の代わりを務めている。

㊵ このthe 'murderer'は、続く動名詞(句) slipping offの**意味上の主語**。the 'murderer' slipping off the trainで「『殺人者』が列車を抜け出したこと」の意味。

㊶ **to不定詞の副詞的用法**で、「目的」を表している。「(これらの問題に)対処するために」の意味。このように文頭で用いられる副詞的用法のto不定詞は、原則的に「目的」を表す。

㊷ この**connectedは「つながりのある」の意味の形容詞**で、seemedの補語になっている。一方、leastは「最も〜でない」の意味の副詞で、通例このようにtheが付く。「(彼らはラチェットと)最もつながりがないように見えた(から)」の意味。

㊸「(しかし、それなら傷は11か所しかない)はずだ」の意味で、**現在形によって普遍的な真理**を表している。

㊹ such a planがto workという**to不定詞の意味上の主語**になっている。「そのような計画がうまくいくためには」の意味。

㊺ この**wouldは仮定法**。「(そのように考えれば全てに)説明がつくだろう」の意味。

㊻ **理由を表す関係副詞**で、先行詞the reasonを含んでいるか、あるいはそれが省略されていると考えられる。ここは「(この列車内で殺人が起きた)理由(も含めて)」の意味。

WORDS

□assume [動]推測する □slip off こっそり立ち去る □deal with 〜に対処する
□physical strength 体力 □prime [形]第一の □participate [動]参加する
□kill oneself 自殺する □take place 実施される

murder took place on this train.

"Colonel Arbuthnot was probably a friend of the Armstrongs. I believe Hildegarde was actually the cook of the household. I said I knew she was a good cook, and she replied, 'Yes, all my ladies have said so.' This was a trap. Lady's maids don't cook—cooking is not part of the job. Then [47] there was Hardman. He didn't seem connected at all to the Armstrongs. I imagined that perhaps he had been in love with the French nanny. I mentioned how lovely French girls were, and his eyes filled with tears. He tried to blame it on the brightness of the snow. MacQueen, of course, was involved in the legal proceedings of the case and was a friend of Sonia Armstrong.

"[48] That left Mrs. Hubbard. She played the most important part. She was loud but helpless, always causing trouble, always creating a distraction. For her part, a true artist would be needed, [49] a professional actress. And there was an actress in the Armstrong family—Mrs. Armstrong's mother—Linda Arden..."

He stopped.

Then, in a soft, rich voice [50] quite unlike the one she had used throughout the journey, Mrs. Hubbard said, "I always liked playing funny characters.

"That mistake about the bag on the door handle was stupid of me," she went on. "It shows you should always rehearse properly. We tried it [51] on the way out. I was in an even-numbered room then, I suppose. I never even thought about the position of the locks."

She looked straight at Poirot.

"You're right, Mr. Poirot. But you can't imagine our pain and sadness that day that Cassetti was let go. Arbuthnot was there too. He was John Armstrong's best friend.

㊼ 本来「**there is 構文**」のbe動詞に旧情報や特定の事柄を指す語句を続けることはできないが、例外的な特別用法がいくつかあり、このように、文脈上重要な人物を列挙する場合もその一つ。ここではthen（それから、それに）で文が始まっていることからも、大きな文脈の中で人物名が列挙されていることがわかる。

㊽ この**that**は、直前までの話の内容全てを指している。「以上のことが（ハバード夫人を残した）」つまり、「以上をもって、残るはハバード夫人だけだ」ということ。

㊾ 直前の文にあるa true artist（真の[演技の]達人）を**パラフレーズ（言い換え）**したもの。「（真の演技の達人）すなわちプロの女優（が必要になっただろう）」の意味。

㊿ このunlikeは「～とは違う」の意味の**前置詞で、それを強意の副詞quiteが修飾**している。一方、the oneは直前のvoiceを受ける不定代名詞で、直後に目的格の関係代名詞thatまたはwhichが省略されている。「（今回の旅を通じて）使ってきたものとは全く異なる（柔らかく豊かな声で）」の意味。

(51) **on the way out**は「出ていく途中で」の意味の副詞句だが、この場合の「出ていく」とはヨーロッパ起点の列車が「アジア側へ出ていく」途中、つまりイスタンブールへ向かう「往路で」という意味。

WORDS

□trap ［名］罠　□mention ［動］～のことを話に出す　□blame ［動］～のせいにする　□legal proceeding 訴訟手続き　□helpless ［形］頼りない　□distraction ［名］注意をそらすもの　□stupid ［形］愚かな　□rehearse ［動］～のリハーサルをする　□try ~ out ～を試してみる　□track down ～を見つけ出す

"He saved my life in the war," said Arbuthnot.

"We decided then that we would get justice. [52]It took a long time to make it happen—[53]tracking down Ratchett, getting Masterman and MacQueen to be his employees—but it all came together perfectly.

"If you [54]are to blame someone, blame only me," she said, [55]her voice firm. "I [56]would have stabbed that man twelve times willingly. It wasn't just Daisy. There were other children before her, and perhaps more in the future. Cassetti should have been put away. Don't drag the others into it. The Colonel and Mary—they're in love. They have their whole lives ahead of them…"

Poirot looked at his friend.

"You are the director of the company, Mr. Bouc," he said. "What do you think?"

"In my opinion," said Bouc, "your first theory is correct."

"I agree," said Dr. Constantine. "That is the solution we will tell the police."

"Then," said Poirot, "I believe my work here is done."

㊷ 文頭の**itは形式主語**で、to make it happen（実行すること）を代表している。

㊸ **tracking 〜と getting 〜は分詞構文**で、行為・出来事が連続する付帯状況を表している。「（その間、）ラチェットを追跡し、マスターマンとマックイーンを彼の使用人にした」の意味。なお、ここではgetがget 〜 to do（〜に…させる）の形で**使役動詞**として用いられている。makeやhaveの場合と異なり、目的語にto不定詞が続く点に注意。

㊹ **be to doの形で「〜するつもりだ」の意味の意志**を表す。be to blame (for)（責任がある）という定形表現があるので紛らわしいが、ここはblameがsomeoneという目的語をとっているので、それとは違うとわかる。

㊺ her voice being firmのbeingが省略された形で、**付帯状況を表す分詞構文**のバリエーション。her voiceという、分詞beingの意味上の主語が明示されている。

㊻「（私ならば、喜んであの男を12回）刺したことだろう」の意味の**仮定法過去完了**。

WORDS

□put away 殺す　□drag［動］〜を引きずり込む　□done［形］終わった

Murder on The Orient Express

日本語訳

第1章 タウルス急行（英文☞p.34）

エルキュール・ポアロは凍える寒さのなか、シリアのアレッポ駅のホームに立っていた。シリアで内密の捜査をしていたのだ。仕事が終わり、陸路でイギリスに帰国する途中だった。イスタンブール行のタウルス急行の出発まであと5分だった。

ポアロが列車に乗り込むと、車掌が寝台車の部屋に案内してくれた。

「こんな天気で旅行する乗客はたいして多くないだろうね」ポアロが言った。

「はい」車掌が答えた。「ほかにおふたりだけです――どちらもイギリスの方です。インドから来られた大佐とバグダッドから来られた女性の家庭教師です」

列車のなかは暖かく、ポアロは疲れていたので、たちまち眠りについた。

ポアロは翌朝9時半に起きると、食堂車にコーヒーを飲みに行った。若い女性が先にいて、朝食を取っていた。女性はほっそりとして美しく、黒髪だった。20代後半のように見受けられた。

数分後、40歳くらいの長身の男性が入って来て、若い女性にお辞儀をした。

「おはようございます、デベナムさん」男性が言った。「ごいっしょしてよろしいですか？」

「どうぞ、おかけになって」

大佐と女性はポアロがいることに気づいたが、挨拶はしなかった。

ポアロは昼食のときにもふたりを見かけ、関心のないふりをしつつふたりの会話に耳を傾けて楽しんだ。ポアロには、大佐が女性に複雑な感情を抱いているのにそれを隠そうとしていることは明らかだった。

「ああ、列車の旅か」ポアロは思った。「ちょっと危険なロマンスの香りがするな」

その晩、列車はコンヤ駅に着いた。ふたりのイギリス人乗客は新鮮な空気を吸いにホームに降りた。それもいい考えだと思い、ポアロも続いた。ふたりのそばに近づくと、アーバスノット大佐の声が聞こえた。

「メアリ、きみをこんなことに巻き込まなければ――」

「いまはおっしゃらないで」彼女がさえぎった。「すべてがすんでから。何もかも片づいたら、そのときは――」

ポアロはそっと引き返した。

「変だな」と、歩きながら考えた。

次の日の夕方、イスタンブールに到着した。ポアロは旅で疲れていたのでトカトリアン・ホテルに直行し、ほかのふたりの乗客とは、それっきり顔を合わせることもなかった。

第2章 トカトリアン・ホテル (☞p.36)

ポアロがホテルに到着すると、驚いたことにイギリスから電報が届いていた。事件が起こったので来てほしいということだった。すぐにイギリスに戻らなければならなくなった。

ポアロはがっかりした。イスタンブールに数日滞在して観光しようと計画していたのに、すぐに出発せざるをえなくなった。フロント係にオリエント急行の切符がないかを尋ねた——イギリスまで行く列車のことだ。

「かしこまりました」フロント係が答えた。「こんな季節には、どなたさまも旅をなさいません。きっと、がら空きでございますよ。列車は9時に発車いたします」

ポアロが時計に目をやると、8時だった。少なくとも夕食を食べる時間はありそうだ。

レストランで腰かけたとたんに、肩に手をかけられるのを感じた。

「やあ、友よ!」うしろの声が叫んだ。

ブーク氏だった。国際寝台車会社の重役だ。ポアロと同じくベルギー人で、ポアロが何年も前、まだベルギー警察に務めていたころから互いに見知っていた。

「ブーク!」ポアロが叫んだ。「こんなところで会えるなんて驚きですな!」

ポアロはイギリス行きの切符を買ったところだと説明した。

「それでは、いっしょに旅ができますね!」ブークが言った。

ふたりで夕食を食べ、昔のことをしゃべりながら、ポアロはレストランを見回した。一緒に座っているふたりの男が目にとまった。ひとりは30歳くらいで、もうひとりは60歳くらい。どちらもアメリカ人のようだ。若いほうの男は感じが良かったが、年配の男は邪悪な目つきをしていた。ポアロはそれが気になった。

夕食後、ポアロとブークは列車まで行くと——驚いたことに——列車は満室だった。

「あり得ない!」ブークが叫んだ。「団体客か、それともわたしの知らない行事でもあるのか?」

「いいえ、そうではありません」車掌が答えた。「今夜は、たまたま多くの方がご旅行されるようです」

「よろしい、ではこちらの紳士に車室を探してくれたまえ」ブークが言った。「わたしの友人だ」

なんとかして、車掌は部屋を見つけた。部屋は7号室で、すでにいる乗客と相席だった。

ポアロが7号室に案内されると、なかには先ほどレストランで見かけた若いアメリカ人がいた。

「申し訳ありません」ブークは、当惑しているアメリカ人に言った。「ほかに席がないのです。すみませんがポアロ氏にここを使っていただくことになりました」
そう言うと、ブークは歩き去った。
「鉄道会社の重役が友人とは、幸運なことだ！」ポアロは思った。
繰り返しあやまりながら、ポアロは自己紹介した。アメリカ人はマックイーンと名乗り、ポアロと握手した。ちょうどそのとき、汽笛が鳴り、列車が発車した。

第3章 ポアロ、依頼を断る （☞ p.40）

次の日、ポアロとブークは食堂車で会って昼食を取った。列車の食事はご馳走だった。食事が終わると、ポアロは椅子にもたれて満腹感を味わった。
「列車の旅はとてもロマンティックだと思いませんか？」ブークが尋ねた。「列車にはあらゆる種類の人々――あらゆる国籍、あらゆる階級、あらゆる年齢の人たちが、一堂に会します」
ブークの言う通りだった。ポアロはしばらくのあいだ、オリエント急行のほかの乗客を観察した。
ひとつのテーブルには3人の男が座っていた。ひとりは大柄なイタリア人、ふたり目は眼鏡をかけたきちんとした身なりのイギリス人、あとひとりは茶色いスーツを着たアメリカ人。アメリカ人とイタリア人は仕事の話をしていて、イギリス人は黙って窓の外を眺めていた。
その隣のテーブルには見たこともないような醜い老婦人が座っていた。宝石に身を包み、美しい毛皮のコートを着ていた。
「あちらはドラゴミロフ公爵夫人です」ブークが低くささやいた。「ロシア人の富豪です」
別のテーブルにはメアリ・デベナムがふたりの女性と座っていた。ひとりは背が高く、髪は色あせ、安物の服を着ていた。面長な顔は羊のようだった。もうひとりは年配の、健康そうなアメリカ人で、先ほどからずっと娘のことばかり話していた。
その隣には、アーバスノット大佐がひとりで座っていた。食堂車の後方には、黒い服を着た女性がひとり。その隣のテーブルでは美しいふたり連れが笑い合っていた――たくましい肩をした30歳くらいの男性と、最新流行の服を着た美しい娘。
「きれいな方ですね」ポアロが言った。「ご夫婦でしょうか？」
「そうです。たしか、ハンガリー大使館の方です」ブークが答えた。
食堂車にはあとふたりの客がいた。若いアメリカ人のマックイーンと意地悪そうな顔のラチェット氏だ。昨夜、マックイーンはポアロに、自分はラチェットの秘書をしていると話していた。
テーブルごとに食堂車は空っぽになった。そのうち、残っているのはポアロ、ラチェット、マックイーンだけになった。ラチェットがマックイーンに何かささやくと、彼は立ち上がって出て行った。そのあと、驚いたことに、ラチェットがポアロのテーブルにやって来て座った。

「わたしはラチェットという者だ」彼が言った。「たしかあんたはエルキュール・ポアロさんとお見受けするが」

ポアロは軽くお辞儀をした。

「あんたの仕事ぶりは知っていますよ、ポアロさん」ラチェットが言った。「やってもらいたい仕事がある」

「残念ですが､最近はほとんど案件をお引き受けしておりません」ポアロが答えた。

「しかし、お礼はたっぷりはずみますぞ」彼は言った。「たっぷりですぞ。わしは大金持ちだ。そういう立場にいる者には敵もいる」

ポアロは黙っていた。

「命を狙われているのだよ、ポアロさん。もちろん、自分の身を守ることはできるがね」ラチェットは上着のポケットからピストルを取り出し、ちらっと見せた。「だが、用心に越したことはない。そこで、あんたに助けてもらいたいわけだ」

ポアロは男の邪悪な小さな目をじっと見つめた。

「残念ですがお引き受けできませんな」ポアロがようやく口を開いた。

「礼はいくらでもすると言っているのだぞ」ラチェットが言った。

ポアロは立ち上がった。

「おわかりになっていないようですな。金の問題ではないのです。ただ、あなたが気に食わないだけなのです」

そう答えると、ポアロは食堂車から出て行った。

第4章 夜の叫び声 (☞ p.44)

オリエント急行は午後8時30分にベオグラード駅に入り、9時15分までは出発しない予定だったので、ポアロはこの機会に脚を伸ばすことにした。外では、車掌も少し体を動かしていた。車掌は動きを止めてポアロに話しかけた。

「アテネから来た別の寝台車が連結されました。ブークさまがそちらに移られましたので、お客さまをブークさまが使っておられたお部屋に案内します」車掌が言った。

ポアロは車掌に礼を言い、その後ブークのところに行って礼を言った。

「わざわざすまないね」ポアロは言った。

「とんでもない！　わたしはこちらのほうがいいのです。この車両は静かですよ。何しろ、わたしのほかにギリシャ人の医師だけですから」

ポアロの新しい部屋はラチェット氏の隣りで、その向こうに年配のアメリカ人女性、ハバード夫人の部屋があった。夫人は通路でスウェーデン人女性と話していた。

マックイーンが客車に入って来たので、ポアロはしばらく呼び止め、別の部屋に移ったことを説明した。マックイーンはポアロと握手すると、歩いて行った。

ハバード夫人は、羊に似た女性が立ち去ると、ポアロの方を向いた。

夫人は低い声で言った。「ばかにされるかもしれませんが、わたくし、あの部屋にいる男が怖いのです」と言って、ラチェットのドアを指さした。「あの男は悪者に見えます。昨夜、わたくしの部屋のドアの取っ手を回す音が聞こえた気がしましたの。なんて恐ろしいこと！　ですから、昨夜はあいだのドアにスーツケースを置いたんですの！　あら、もう寝る時間ですわね」

「おやすみなさい、マダム」ポアロはお辞儀をしながら言った。自室に戻ると、ポアロはたちまち眠ってしまった。

ポアロは真夜中に目を覚ました。どこか近くから叫び声が聞こえた。それと同時に、ルームサービスのベルが鋭く鳴った。

ポアロはベッドから降りると、ドアを開けて外をのぞいた。列車は止まっていた——おそらく、駅なのだろう。車掌が通路を大急ぎで駆けて来て、ラチェットのドアをノックした。ポアロはそれを見ていた。

車掌はもう一度ドアをノックした。ベルが鳴り、ずっと先のドアに明かりがついた。それと同時に、ラチェットの部屋からフランス語の返事が聞こえた。「何でもない。間違っただけだ」

「わかりました」車掌は答えると、ベルが鳴った別の部屋に駆けつけた。

ポアロはベッドに戻り、ちらっと時計を見た。12時40分だった。

第5章　犯行 (☞p.48)

もう一度寝ようとしたが、なかなか寝つけなかった。隣の部屋からいろいろな音が聞こえてくる——水が流れる音、水がはねる音、そして誰かが動き回る音。通路を通る足音がする。そのあとでリン！　と誰かがベルを鳴らす音。ベルの音はつづいた——リン！　リン！　リン！　何か重大なことが起こっているに違いないと、ポアロは思った。

通路を急ぐ足音がしたあと、ハバード夫人が車掌に話している声が聞こえた。夫人は長いあいだ、ガミガミとまくし立てていた。ようやく「おやすみなさいませ、マダム」という車掌の声をポアロは聞いた。

ポアロは喉が乾いたので、ベルを押した。車掌がやって来たが、気が高ぶっていて、何か心配しているようだった。

「水を1本頼みます」ポアロは言った。車掌は水を持って来ると、ポアロの親切な態度に惹かれて、悩みを打ち明けた。

「あのアメリカのご婦人は！」車掌が言った。「自分の部屋に男がいたと言い張るのです！　あんな狭いところに、誰が隠れることができるというのです？　すでにこの雪のことで十分困っているのに——」
「雪ですって？」
「そうなんです。雪だまりに突っ込んでしまいましてね」
それで、列車が止まったというわけだ。
「いつまでこんな状態がつづくか見当もつきません」車掌が言った。「以前に7日間、雪に閉じ込められたことがありました」
ポアロはおやすみと言って、水を飲み、うつらうつらしかけたときに、ドアに何か重いものがぶつかってきた。
ポアロは飛び上がってドアを開けた。ところが、何もなかった。赤いガウンを着た女性が遠ざかって行き、車掌は反対側の端にある小さな席に座っていた。
「夢でも見たのだろう」ポアロは思い、ベッドに戻った。今回は眠ることができた。
次の朝、食堂車ではいろいろな話が飛び交っていた。列車は止まったままで、乗客はみな、互いに文句を言い合っていた。
寝台車の車掌のひとりが、ポアロに近づいてきた。
「ブークさまがお話ししたいそうです」車掌が言った。
ポアロは車掌のあとについて、ガラ空きのアテネからの車両にあるブークの部屋に行った。そこには小柄な男といっしょに座っていたブークと、イスタンブール - カレー間の車掌がいた。
「ああ、友よ！　あなたの助けが必要です」ブークが言った。「昨夜はいろいろなことがありまして。最初に、この雪です。そして次には……なんと、ラチェット氏が殺されました。ベッドの上で刺されていたのです！」
ポアロの両眉が高く上がった。
「深刻な事態ですな」彼は言った。
「その通りです。いつまでこの雪に閉じ込められるかわかりません。たいていは、列車がある国を通過するとき、その国の警察が乗り込んで来ます。しかし、ここユーゴスラビアでは政治的な理由で、警察は来ません。おわかりいただけますか？」
ポアロはうなずいた。
「こちらのコンスタンチン医師のご意見では」——小柄な男がうなずいた——「死亡時刻は、昨夜の12時から2時のあいだということです」
「窓は大きく開いていました」コンスタンチン医師が言った。「おそらく犯人はそこから逃げたのだろうと思いました。しかし、窓から飛び下りたとすると、雪の上に足跡が残るはずです。ところが、何も見当たらないのです」
「どのように犯行が発覚したのですか？」ポアロが尋ねた。
車掌が答えた。
「ラチェットさまが朝食にいらっしゃらなかったので、見に参りました。ドアを開けようとしたのですが、中からチェーンで鍵がかかっていました。お返事がなく、とても寒いのです。それで、係員とわたしとでチェーンを切って中に入りました。ああ！　なんとも恐ろしい！」

「ラチェットは12回、刺されていました」医師が言った。「それも、とても奇妙なやり方で。深い傷もあれば、とても浅い傷もありました。まるで犯人が目を閉じて、やみくもに何度も何度も刺したかのようでした」

「ラチェット氏は昨日わたしに話しかけてきました」ポアロが言った。「命を狙われていると言っていました」

「ああ、友よ、手を貸してください」ブークが言った。「この事件をきちんと調査するために必要なものは何でも提供します」

「もちろん」ポアロが答えた。「できることは何でもいたしましょう。まず、この列車の乗客について教えてください」

「この車両の乗客はコンスタンチン医師とわたしだけです。ブカレストから来た車両には足の悪い老人がひとり乗っています。その先にも数両の車両がありますが、昨日の夕食後は鍵がかけられています。イスタンブール－カレー間の車両の前にあるのは食堂車のみです」

「であれば」ポアロが言った。「犯人はイスタンブール－カレー間の車両にいるように思われます。すべての人と話す必要がありますな。全員のパスポートと、調査のために食堂車を使えるようにお願いしたい」

第6章　女？（☞ p.54）

ポアロは最初にラチェットの秘書に質問することにし、マックイーンを車両に呼んだ。

マックイーンは好奇の色を浮かべて、入り口に現れた。

「みなさん、わたしに何のご用でしょうか」彼は尋ねた。

「昨夜、あることが起こりましてね」ポアロが答えた。「あなたの雇い主のラチェット氏が亡くなりました！」

「ついに、やつらにやられたんですね！」マックイーンが叫んだ。

今度は、ポアロが好奇心に駆られて、マックイーンを見た。

「それはどういう意味ですか？」

「彼は殺されたんじゃないんですか？」

「そうです。わたしがこの事件を調べている探偵です」ポアロが言った。「どうしてラチェットが殺されたことがわかりました？」

「ラチェットに雇われて1年になります」マックイーンが言った。「彼はわたしと同じアメリカ人です。わたしたちはペルシアで出会い、そのとき秘書にならないかと誘われたので、引き受けることにしました。それ以来いっしょに旅行しています。彼はまったく外国語を話せないので、わたしが必要なのです。この1週間に、脅迫状を2通受け取っています。それをお見せしましょう」

マックイーンは出て行き、2通の手紙を持ってすぐに戻って来た。最初の手紙には、こう書いてあった。

「われわれを欺いて逃げおおせると思っているのか？　そうはいかない。おまえを捕まえに行くぞ、ラチェット！」

次の手紙には、こう書いてあった。

「もうすぐおまえのところに行く。おまえを殺す！」

「なるほど」ポアロが言った。「ラチェットは手紙を読んでどんな反応をしましたか？」

「いつもの調子で静かに笑っただけでした。でも、わたしには怖がっているように見えました」

「あなたは雇い主を好きでしたか、マックイーンさん？」

マックイーンは少しのあいだ考えた。

「いいえ」

「どうしてですか？」

「あのう、彼はいつもわたしに親切でしたが、信用できませんでした。彼は、危険な人物に違いありません。ラチェットというのは本名ではないと思います。ヨーロッパ中を旅しているのは、アメリカにいられなかったからだと思います——何かから逃げているのです」

「なるほど。もうひとつ伺います——生きているラチェットを最後に見たのはいつですか？」

「昨夜の10時ごろです。メモを取るために、彼の部屋に行きました」

「ありがとう。いまのところ、これで終わりです」ポアロが言うと、マックイーンは部屋から出て行った。

「彼の言うことを信じますか？」ブークが訊いた。

「なかなか正直そうに見えます。ラチェットを好きでなかったことを、なんの恐れも罪の意識もなく率直に認めました」ポアロが答えた。「しかしわたしは、最後の最後まで、すべての人間を疑うことにしています」

「そうですね」ブークが言った。「こんなことができるのは、すぐにかっとなる、頭のおかしな人間でしょう。でなければ、女ということも！」

第７章 死体 （☞ p. 58）

次に、ポアロはコンスタンチン医師と死んだ男の部屋に行った。ポアロはすぐに部屋が冷え切っていることに気づいた。窓が大きく開いていた。外は一面の雪で覆われていた。

「おっしゃる通りです」ポアロが言った。「誰もここからは出ていきません」

ポアロは窓を閉めて、ベッドの死体の方を見た。ラチェットのパジャマのシャツは医師によって開かれていた。

ポアロはよく見ようと身を乗り出した。

「傷が12か所」ポアロが言った。

「ひとつふたつの傷は、かすり傷のように浅いものです」コンスタンチンが言った。「けれども、少なくとも３か所の傷は死を招く可能性がありました。それと、こっちの２か所の傷は深いのですが切り口がきれいで——出血していないのです」

「それはどういうことですか？」

「つまり、刺されたときにはすでに死んでいたということです」

「どうも変ですな」ポアロが同意した。

「それにこの傷を見てください。右腕の下のところです。わたしの鉛筆を持って、ご自分で試してください——こんな傷をつけることができますか？」

ポアロは鉛筆を持って試してみた。

「なるほど」彼は言った。「右手ではとても難しい。でも左手でなら簡単です」

「その通りです。この傷は、確実に左手によるものでしょう。しかし、残りの傷は、間違いなく右手によるものです」

「ふたりか……」ポアロがつぶやいた。「ふたりの人間がこの犯罪に関わったことを示すものはほかにありませんか？」

「そうですね、前にも言いましたように、傷には弱いものあれば、非常に強いものもあります」

「われわれの殺人者は強くて弱い。右利きであり左利きでもある。わけがわかりませんな！」ポアロが言った。「しかも、被害者は刺されているあいだずっと静かに横たわっていた。叫びもせず身を守ろうともしなかった」

ポアロは枕の下に手を入れて、ラチェットのピストルを見つけた。弾丸は全部こめてあった。小さなテーブルの上には、いろいろな物が置かれていた——空のコップ、水、葉巻の入った灰皿、焦げた紙片、２本のマッチ棒。コンスタンチンはコップを手に取り、においを嗅いだ。

「薬を飲まされています」医師が言った。

ポアロはうなずくと、灰皿の２本のマッチをつまみ上げた。

「この２本は違うものです」ポアロが言った。「この紙のものはブックマッチからちぎり取られていて、こっちのマッチは木製です」
ポアロはラチェットの服のポケットを探り、木製マッチの箱を引っ張り出した。
「ラチェットが使っていたのは木製マッチです。紙製マッチについて何か見つからないか調べてみましょう」
ふたりは捜してみたが何も見つからなかった。その代わり、ポアロは床に落ちている婦人用ハンカチを見つけた。高価そうなハンカチで、Hの文字がついていた。ポアロは、またもや鋭い目を床に向け、別の品物を拾い上げた。
「パイプ・クリーナーです！ ラチェットのものではないですな。パイプを持っていませんからね。この手がかりは男を、ハンカチは女を示しています。たしかに、手がかりが多すぎますな！」ポアロが言った。
そのあいだ、医師は死んだ男のポケットを調べていた。
「ああ！」医師が大きな声をあげた。「時計です！」
時計は壊れていて、針は1時15分で止まっていた。
「犯行時刻に違いありません」コンスタンチンが言った。
「たしかに」ポアロが同意した。「しかし、あまりに簡単すぎます。まるで誰かが意図的にこれらの手がかりをここに置いたように見えます。このハンカチは——男が、女の犯罪に見せようとしてここに置いたのではないでしょうか？ こちらのパイプ・クリーナーは——女が、犯人は男だと思わせようとしてここに置いたのではないでしょうか？」
ポアロはもう一度、灰皿のなかの焦げた紙片を見た。
「婦人の帽子箱が必要です」突然ポアロが言い出し、車掌に言って、女性たちが出払っている部屋から帽子箱をふたつ持ってこさせた。コンスタンチンは戸惑いながら、ポアロが箱を開け帽子の下をのぞくのを見ていた。
「あったぞ！」ポアロは叫び、針金をボール状にしたものをふたつ持ち上げた。「昔の帽子箱では、ご婦人たちは帽子の形を整えるのにこんな形の針金を使っていたのです。さて、わたしの小さなコンロと口ひげ用のコテが必要です」
ポアロは部屋を出て、コテと、卓上コンロを持って戻って来た。
ポアロはコンロに火を点けた。次に、2つの針金の山を平らにし、そのあいだに焦げた紙片をそっとはさんだ。これを2本のコテで持ち上げ、炎にかざした。
「うまくいくといいのですが」ポアロが言った。しばらくすると、金属が光り始めた。この様子を興味津々で見ていた医師の目の前に、文字が現れ始めた。燃えるような赤い文字が針金の上に浮かび出た。

デイジー・アームス—— 忘れ——

「そうか！」ポアロが叫んだ。
「この言葉に意味があるのですか？」コンスタンチンが訊いた。

「ありますとも」ポアロが答えた。「死んだ男の本名と、なぜアメリカを去らなければならなかったかわかりました。彼の名前はカセッティです。しかし、そのことは、後でお話しします。当面は、ほかに役に立つものがないか捜してみましょう」
ふたりは部屋を見回した。ポアロは隣室に通じるドアを開けようとしたが、ドアは向こう側から錠がかかっていた。
「犯人がどうやって出て行ったか、依然として謎ですね」コンスタンチンが言った。「窓からは逃げられない。それに、正面のドアには内側からチェーンがされていますし、隣室に通じるドアは錠がかかっています」
「それを」ポアロが言った。「解き明かすことができれば面白いでしょうな」

第8章 アームストロングの事件 (☞p.64)

ポアロとコンスタンチンがブークの部屋に戻ると、ブークはコーヒーを飲んでいた。
「順調な滑り出しです」そう言ってポアロは腰かけた。「ラチェットの正体がわかりました。アームストロングの赤ちゃんのことを読んだことがありませんか？」
「ほんの少しだけなら」ブークが答えた。
ポアロが説明した。
「アームストロング大佐は、戦争の英雄で、リンダ・アーデンの娘と結婚しました。リンダ・アーデンというのは当時アメリカで有名だった女優です。ふたりには娘がひとりいて、デイジーといいました。デイジーが3歳のとき誘拐されました。誘拐犯は巨額の身代金を要求しました。アームストロング夫妻はお金を払いましたが、女の子は殺されて発見されました。そのころ、アームストロング夫人は妊娠していました。ところが、あまりの衝撃に、夫人はお産で赤ん坊とともに亡くなってしまいました。大佐は悲嘆のあまり、ピストルで命を絶ちました」
「思い出しました！」ブークが言った。「もうひとり亡くなった人がいましたね？」
「そうです。フランス人かスイス人の子守です。警察は彼女が事件にかかわっていると考えました。子守は絶望して、窓から身を投げて自殺しました。あとになって無罪だったことがわかりました。
6か月後、カセッティとその一味が裁判にかけられました。彼はほかの子どもに対する誘拐や殺人でも訴えられていました――どうやら、かなりの同じような犯罪に手を染めていたようです。しかし、カセッティは自分の金と縁故を使って放免になりました。そのあと、名前をラチェットに変えて、アメリカを去り、旅と享楽の日々を送っているのです！」
「けだものめ！」ブークが言った。
「ところで、この殺人事件はカセッティが過去に裏切ったギャング団によるものか、それとも個人的なことなのでしょうか？」
「デイジー・アームストロングの親戚のなかで、いまも生きている人はいますか？」
「よく知りません。たしか、アームストロング夫人には妹がいたように思います」

第9章 寝台車の車掌 （☞ p.70）

ポアロは事情を聴くために、食堂車に入った。テーブルの上には、イスタンブール‐カレー間の車両の図が置いてあり、そこに各部屋の乗客名が記されていた。手元には乗客のパスポートと切符が重ねられ、紙とペンが置いてあった。
「まず、車掌から始めましょう」ブークとコンスタンチンが席につくと、ポアロが言った。「車掌を呼んでください」
ピエール・ミシェルが心配そうな顔で食堂車に入って来た。彼は寝台車の車掌を15年間務めてきた。
「この悲惨な事件で、車掌の職が危うくなることがなければよいのですが」ピエール・ミシェルが言った。
「そんなことはないですよ」ポアロが答えた。「かけてください。少し質問するだけです。まず、ラチェットがベッドに入ったのはいつでしたか？」
「夕食後です」
「そのあと、誰か彼の部屋に入りましたか？」
「召使いとマックイーンさまだけです」
「あなたがラチェット氏の姿を見たり声を聞いたりしたのは、そのときが最後ですか？」
「いいえ。ラチェットさまは12時40分ごろにベルを鳴らされました。列車が雪で動けなくなった直後です。ドアをノックしましたが、ラチェットさまは『間違っただけだ』とフランス語でお答えになりました」
「正確にはどう言ったのですか？」
「ス・ネ・リアン。ジュ・ム・スィ・トロンペ」
「なるほど。わたしもそれを聞きました」ポアロが言った。「そのあとどうしましたか？」
「別のベルが鳴りましたので、そちらのほうに参りました。鳴らされたのはドラゴミロフ公爵夫人でした。メイドを呼んでほしいとおっしゃられましたので、そういたしました」
「これはたいへん重要な質問ですが、1時15分にはどこにいましたか？」
「車両の端にある小さな席に、通路に向かって座っておりました。ただ、ほんのしばらく車両を離れました。アテネからの車両に行き、仲間の車掌たちと雪について話しました。ところが、またベルが鳴りまして――アメリカのご婦人でした。昨夜お話ししたかと思います。そのあと、あなたがベルでお呼びになったので、水をお持ちいたしました。それから30分ほどして、マックイーンさまのベッドを用意いたしました。その前からお部屋でアーバスノット大佐とお話しされていました」
「それは何時ごろでしたか」
「たしかな時間はわかりませんが、2時にはなっていませんでした」
「そのあと何をしていました？」
「朝まで席におりました」
「乗客が通路を通るのを見かけませんでしたか？」
「赤いガウンを着た女性が向こう側のトイレに歩いて行かれたと思います。しかし顔は見えませんでした。わたしから離れて行かれたので」
「その女性が部屋に戻るのを見ましたか？」
「いいえ。ベルで呼ばれていたのだろうと思います。あなたも、一時、通路をのぞいておられましたね」
「その通りです」ポアロが答えた。「何か重いものがわたしのドアにぶつかる音で目が覚めたのです。それが何だったのか見ましたか？」
「いいえ」車掌が驚いて答えた。「何もございませんでした」
「なるほど」ポアロが考え深そうに言った。「最後の質問です。最後に停車した駅はどこですか？　そのとき列車から降りましたか？」
「ヴィンコヴチ駅です。11時58分に発車することになっておりました。ところが、悪天候のため、20分遅れていました。わたしはほかの車掌たちといっしょに列車から降りて、ドアのそばに立っておりました。いつも停車ごとにそのようにしております」
「もし犯人がヴィンコヴチ駅で列車に乗り込んで来たら、犯行後に列車から降りることはできましたか？」
ピエール・ミシェルは首を横に振った。
「列車に隠れることもできなかってしょう」車掌が言った。「どこもかしこも捜しましたから」
「ありがとう、ピエール・ミシェル。おおいに助かりました」

第10章 秘書 （☞ p.74）

車掌が去ると、ポアロは、ブークと医師のほうを向いた。
「もう一度マックイーンに質問してはっきりさせたいことがいくつかあります」ポアロが言った。
若い男はすぐに現れた。
「おっしゃった通りでした、マックイーンさん。ラチェットというのは偽名でした」

ポアロが告げた。「本名はカセッティ——デイジー・アームストロングを殺した男です」
マックイーンは目を大きく見開いた。
「汚らわしいけだものめ！」彼が叫んだ。「当然の報いを受けたのです。あんな男は生きる資格がありません！」
「この事件に強い思いがあるのですね、マックイーンさん？」
「そうです」彼は落ち着こうとしながら答えた。「実は、わたしの父が検事でこの事件を担当したのです。わたしはアームストロング夫人に数回会ったことがあります——美しくて、やさしい女性でした」。彼の目には偽りのない悲しみが宿っていた。
「どうしてラチェットの正体がわかったのですか？」マックイーンがしばらくして尋ねた。
「ラチェットの部屋にあった手紙からです」
「しかし、確かに——つまり、それはラチェットの不注意でしたね」
「そうですね」ポアロは若い男をじっと見ながら言った。「マックイーンさん、昨夜の夕食後の行動をすべて話してください」
「部屋に戻って本を読みました。ベオグラード駅で列車から降りました。列車に戻り、アーバスノット大佐と話しました。それからラチェットの部屋に行き、いくつかメモを取り、おやすみと言い部屋を出ました。アーバスノット大佐がまだ通路におられたので、わたしの部屋に誘いました。少し酒を飲んで政治の話をしました。ヴィンコヴチ駅に着くと、列車を降りて脚を伸ばすことにしました——」
「どのドアから出ましたか」ポアロがさえぎった。
「わたしの部屋に一番近いドアです。食堂車のとなりのドアのことです」
「鍵はかかっていましたか？」
「はい、金具に棒がさしてありました」
「戻ったとき、その棒をもとに戻しましたか？」
「言われて見れば、戻さなかった気がします。忘れたのかもしれません」
「なるほど」ポアロが言った。「ところで、部屋で大佐と話していたとき、ドアは開けてありましたか？」
「はい」
「誰かが通路を歩いているのを見かけませんでしたか？」
「一度、赤いガウンの女性を見た気がしますが、はっきりと見えませんでした」
「大佐は何時にあなたの部屋から出て行きましたか？」
「たしか、2時ごろでした」
「最後にもうひとつ。あなたはパイプを吸いますか？」
「いいえ」
ポアロは微笑むと、ペンを置いた。

「ありがとう。これで終わりです」

第11章 召使い（☞p.78）

マックイーンのあとに、エドワード・マスターマンが入って来た。ラチェットのイギリス人召使いだ。ポアロは腰かけるように勧めた。
「あなたの雇い主が殺されたことはもう聞いていますね」ポアロが始めた。
「はい。びっくりいたしました」
「ラチェットというのは雇い主の本名でないことを知っていましたか？」
「いいえ」
「アームストロングの事件のことは覚えていますか？」
これを聞くと、いつもは感情を表さないマスターマンの青白い顔に少し赤味がさした。
「はい」彼は答えた。「恐ろしい事件でございました」
「ラチェットがあの犯罪の主犯のカセッティなのです」
マスターマンの顔が紅潮した。
「びっくりしました。とうてい信じられません」
「ラチェット氏を最後に見たのはいつですか？」
「昨夜の9時ごろです。お部屋に行って服をたたんだりつるしたり、水を持って来たり、そのほかベッドに入る前に必要なお世話をすべていたしました」
「ラチェットの様子はいつもと変わりありませんでしたか？」
「動揺しておられるようでした。嫌な手紙をお受け取りになったのです」
「ラチェットは寝つくために薬を服用していましたか？」
「列車で旅をなさるときはいつもそうされています。飲まなければお眠りになれませんので」
「昨夜は飲みましたか？」
「はい。コップに薬を入れて差し上げました」
「それから、どうしました？」
「マックイーンさんに会いたいと言われたので、呼びに行き、そのまま自分の部屋に戻りました。そのあとはずっと読書しておりました。なかなか寝つくことができませんでした。眠ったのは朝方の4時ごろだと思います」
「同室者はいますか？」
「はい、大柄なイタリア人です」
「その人とは話をしますか？」
「いいえ。本を読んでいるほうがよろしいですから」
「あなたまたは同室者は、夜のあいだに部屋から出ませんでしたか？」

「いいえ。イタリア人は10時30分ごろ眠ってしまい、一晩中いびきをかいていました」
ポアロはちょっとのあいだ黙ったあとに言った。「もうひとつ教えてください。ラチェットに雇われたのはいつですか？」
「9か月ほど前です」
「パイプを吸いますか？」
「いいえ紙巻たばこだけです」
「ありがとう、マスターマンさん。これで終わりです」
「すみませんが」マスターマンが言った。「アメリカのご婦人が午前中ずっと大騒ぎされています。犯人のことをすべて知っていると言われるのです。ご婦人をお呼びしてよろしいですか？」

第12章 アメリカ人女性 (☞p.82)

ハバード夫人が食堂車に現れたとき、あまりに興奮してほとんど口もきけないほどだった。
「みなさん、あなた方がここの責任者ですか？　とってもとっても重要な情報があります——ものすごく重要なことなの！」
「どうぞ、おかけください、マダム」ポアロが言った。
ハバード夫人はポアロの向かい側の椅子にドサッと腰を下ろし、すぐに話し始めた。
「みなさん、昨夜、この列車で殺人がありました！」
「はい。知っております」ポアロが言った。
「そして、犯人はわたくしの部屋にいたのです！」
「それはたしかですか、マダム？」
「もちろんです。なんてことなの！　自分が見たことくらいわかります。いいですか、わたくし、ベッドに入って寝入っていました。ふと目を覚ますと、部屋に男がいるじゃありませんか。とても暗くって、あまりに怖いものだから、叫ぶこともできなかったの。殺されると思ったわ！　目を閉じてベルを押して車掌を呼びました。何度も押すと、ようやく誰かが通路を来る音が聞こえたわ。『入って！』と叫んで、同時に明かりをつけました。でも、部屋には誰もいなかったの！」
この話に、ハバード夫人以外の人たちが驚く様子はなかった。
「次にどうなさいましたか、マダム？」
「車掌に何が起こったか説明しました。でも、信じてくれません。全部、わたくしの夢だと思ったのです。でも、部屋に誰かがいたのは間違いないわ。どうにかして出て行ったのよ。隣の男かもしれないと思ったから、隣の部屋とのあいだのドアを調べてほしいと車掌に言いました。そしたら、案の定、鍵がかかっていなかったの。もちろん、鍵をかけるように頼みましたわ！」

「それは何時のことですか？」

「わかりません。時計を見ませんでしたから。動揺してしまって。でも、あれが犯人だということは明らかです。証拠がありますのよ！」

ハバード夫人はバッグを開けて、しばらくなかを探っていたが、ついに銀のボタンをひとつ取り出した。それは寝台車の車掌の制服についているボタンだった。

「今朝、自分の部屋で見つけましたの！」夫人が大きな声で言った。

「あなたがベルで呼んだ車掌のボタンかもしれませんな」ポアロが言った。

「いいえ、そんなはずはありません！　どうして誰もわたくしの言うことを聞かないのか、まったくわかりませんわ」夫人が言った。「車掌は部屋に来て、ベッドの下とドアを見ました。でも、窓のそばには行きませんでした。おわかりかしら？　ボタンは窓のそばで見つけたのよ！　これをどう説明なさいます？」

「これは証拠品です、マダム！」ポアロが言って、夫人からボタンを受け取った。「あと少し質問があります、マダム。ラチェットが隣にいることをそんなに怖がっておられたのに、どうして隣室とのあいだのドアに鍵をかけなかったのですか？」

「かけましたわ」ハバード夫人が答えた。「10時30分ごろ、スウェーデンの婦人、グレタが、わたくしの部屋にアスピリンをもらいにいらしたの。わたくし、ベッドに入っていましたので、ドアの取っ手にかけてある化粧ポーチのなかにありますから、自分で取ってくださいって言いましたの。ついでに、ドアに鍵がかかっているかどうか見てもらうと、あの方はかかっていると答えられましたわ」

「どうしてご自分で確認できなかったのですか？」

「だって、ベッドに入っていましたし、バッグが鍵の前にかかっていたからですわ」

「なるほど。ハバードさん、アームストロング事件のことはご存じかな？」

「もちろんです！　あれも恐ろしい事件でしたわ！」

「ところで、ラチェット氏の本名はカセッティです。その犯罪の主犯だったのです」

ハバード夫人は興奮して、思わず立ち上がった。

「なんてことなの！　信じられませんわ！　あの男が悪者だってことはわかっていました。そう申しましたでしょ、ポアロさん？」

「おっしゃる通りです。アームストロング一家のどなたかとお知り合いでしたか？」

「いいえ、どなたとも。あの一家はお金持ちで、別の社交界で活動されていましたから」

「もうひとつ質問があります、ハバードさん。赤いガウンをお持ちですか？」

「なんて変な質問ですこと！　いいえ、わたくしのガウンはピンクです」

「ありがとうございました、マダム」ポアロが言った。「これでおしまいです」

夫人がドアに向かうと、ポアロが呼び止めた。
「これを落とされましたよ」と言って、婦人用ハンカチを差し出した。
「わたくしのものではありません」
「あなたのものだと思いました。Hという文字がついていますので」
「そうですね。でも、わたくしのものではありません」夫人が言った。
「ああ、失礼しました。ご協力ありがとうございました」

第13章 スウェーデン人女性 (☞p.86)

ポアロは次にグレタ・オルソンに質問した。彼女は正看護師で、イスタンブールの学校で働いていた。休暇でスウェーデンに帰る途中だった。
「お手数をかけて申し訳ありませんが、イスタンブール - カレー間の車両の乗客全員に質問をしております」ポアロが穏やかに言った。「昨夜、夕食後に何をされていたか教えていただけませんか？」
「夜通し頭痛がしていました。10時30分ごろ、アメリカのご婦人の部屋に行って、アスピリンを少しいただきました」
「ラチェット氏の部屋に通じるドアの鍵がかかっているか見てほしいと頼まれましたか？」
「はい」
「鍵はかかっていましたか？」
「はい」
「そのあとは？」
「部屋に戻り、アスピリンを飲んで横になりました」
「すぐに寝つけましたか？」
「いいえ。あまり早くは寝つけませんでした。寝入る前に、列車が止まりました」
「ヴィンコヴチ駅に止まったのでしょう。イギリスの若い女性と同じ部屋ですね？」
「はい」
「その女性はヴィンコヴチ駅に停車後に部屋から出ませんでしたか？」
「いいえ。わたしはとても眠りが浅いので、あの方が部屋を出たら目が覚めたはずです」
「夜のあいだに部屋から出ましたか？」
「いいえ、朝まで部屋におりました」
「赤いガウンをお持ちですか？」
「まあ、持っていませんわ。わたしのガウンは茶色です」
ポアロはアームストロングの事件を知っているか尋ねた。知らないと答えたので、説明するとグレタはとても憤慨した。
「ぞっとしますわ！」彼女は叫んだ。「そんな悪魔のような人間がいると考えただけでも！」
そのあと、グレタは退室を許され、目に涙をいっぱいためて出て行った。

第14章 ロシアの公爵夫人 （☞p.90）

次の面接に進む前に、ポアロはピエール・ミシェルを食堂車に呼んでもらった。
「ミシェル、きみの制服のボタンがここにある。ハバード夫人の部屋で見つかった。これをどう説明するのかね？」ブークが訊いた。
「わたしはボタンを失くしていません」車掌が答えた。「いったいどこから出て来たのか、皆目、見当もつきません」
実際、彼の上着にはボタンが全部ついていた。
「それでは、昨夜、ハバード夫人の部屋にいた男が落としたに違いない」
「ですが、わたしは部屋を調べました！ 誰もおりませんでした」
「たしかに誰かが落としたのだ。それが犯人のようだな」ブークが冷やかに言った。
「わたしではありません！ わたしは無実です！ 本当です。ハバード夫人にベルで呼ばれる前は、同僚の車掌たちといっしょでした。聞いてみてください！」
ブークに呼び出され、ふたりの車掌が食堂車にやって来た。どちらの車掌もピエール・ミシェルが彼らのところに来て、1時から1時15分ごろまで雪について話し合ったと証言した。ふたりともボタンを失くしていなかった。寝台列車の車掌たちからボタンについて何も聞き出せないことがはっきりしたので、ポアロは次の面接を始めることにした。
ドラゴミロフ公爵夫人が食堂車に入って来た。小さく弱々しい体にもかかわらず、公爵夫人の態度は堂々として、率直だった。
「あなたは、ナタリア・ドラゴミロフ公爵夫人で、住所はパリのクレベール街17番地で間違いありませんね」
「その通りです」
「ありがとうございます。さて、昨夜夕食のあとで何をされていたか教えてください」
「車掌にベッドの支度をするように言いました。夕食後すぐにベッドに横になり、11時ごろまで本を読んでいました。リューマチで眠れなかったので、車掌にメイドを呼んでもらいました。メイドはわたくしの足をさすり、本を朗読してくれました。そのうち眠くなりましたが、1時間ほどたっていたと思います」
「そのとき、列車はすでに止まっていたのですね？」
「そうです」

「何か変わった音が聞こえませんでしたか？」
「いいえ」
「アメリカに行かれたことがおありだと思うのですが？」
突然、話題が変わり、公爵夫人は両眉を上げた。
「ええ、何度も」
「それでは、アームストロングの事件をご存じですね」
公爵夫人の表情が暗くなり、威厳のある強い声がやわらいだ。
「アームストロング一家はわたくしの大切な友人でした」夫人が言った。「今でも恐ろしいほどの喪失感を乗り越えられません。リンダ･アーデンは大の親友です。彼女はアメリカで最も素晴らしい女優だと思いますよ。わたくしが娘のソニア・アームストロングの名づけ親です」
「たしか、ソニアには妹さんがいましたね。いまどこに住んでいるかご存じですか？」
「いいえ、アームストロング家の若い方たちとは連絡を取っておりません。どうして、あの人たちのことをお尋ねになるの？　昨夜起こったことと関係があるのですか？」
ポアロはラチェットの正体を説明した。公爵夫人の表情はさらに暗くなり、夫人は目を伏せた。
「こんなことを言ってはなんですが」夫人が言った。「でも、おっしゃることが本当なら、あの男が殺されてうれしいですわ！」
「もちろん、この事件には並々ならぬお気持ちをお持ちでしょうから」ポアロが言った。「もうひとつ質問があります。何色のガウンをお持ちですか？」
「青です」夫人は穏やかに答えた。
「ありがとうございました、マダム。たいへん助かりました」
ドラゴミロフ公爵夫人は立ち上がり、部屋から歩き去った。

第15章 アンドレニ伯爵夫妻 (☞ p.94)

次はアンドレニ伯爵の番だった。伯爵が食堂車に来る前に、ポアロは伯爵夫妻のパスポートを調べた。何の不備もないように見えたが、大きく汚いしみが伯爵夫人のパスポートについていたのに気づいていた。不注意な役人が昼食を夫人のパスポートにこぼしたに違いない。
すぐに、伯爵がやって来た。大柄で、ハンサムな男性で、フランス語を流暢に話した。妻を伴ってはいなかった。
「伯爵」ポアロが言った。「奥さまはお見えにならないのですか？」
「はい、あなたにお話しすることは何もありませんからね」伯爵が答えた。きっぱりした口調だった。「わたしも妻も、お役に立てないと思います。ふたりともずっと眠っていましたから」

ここでも、ポアロはラチェットの正体を説明したが、この知らせを聞いても伯爵は動揺したように見えなかった。

「それは驚きです」伯爵が言った。「しかし、似たような事件はアメリカで起こりますからね」

「アメリカに行かれたことはありますか、伯爵？」

「ワシントンに1年おりました」

「今までにアームストロングという名前の人に会われましたか？」

「アームストロング？　何とも言えませんね。アメリカではずいぶん多くの人と出会いますから」

「昨夜、夕食後は何をなさっていましたか？」

「妻といっしょにわたしの部屋に行き、11時ごろまでトランプをしました。その後、妻は自室に戻り、床につきました。わたしも床につき、朝まで起きませんでした」

「列車が止まったことに気づかれましたか？」

「いいえ、今朝まで知りませんでした」

「奥さまはいかがでしょう？」

「列車で旅行するときは、妻はいつも睡眠薬を服用します。ですから、朝まで眠っていました。役に立つ情報がなくて申し訳ありません」

「かまいませんよ、伯爵。ですが、奥さまにもここに来るように頼んでいただけませんか？」

「妻がここに来る必要はありません。さっきも申しましたように、何も知りませんからね」

「おっしゃる通りです。しかし、ほんの形式にすぎませんから。全員と話す必要があるのです」

伯爵はポアロを見つめ、しばらく何も言わなかった。やがて、とうとう、夫人を寄越そうと言った。

若く美しい伯爵夫人が数分後に現れた。

「わざわざすみません」ポアロが言った。「2、3の質問をするだけです。昨夜、何か普通でないことを見たり、聞いたりされなかったか知りたいのです」

「いいえ、何も聞いておりません」

「お隣の部屋から大きな音は聞こえなかったのですね？　アメリカのご婦人がベルで車掌を呼び、夜のあいだ大声で叫んでいたのですよ」

「聞いておりません。私は睡眠薬を飲むものですから。一晩中、眠っていました」

「ああ！　それではこれ以上ご迷惑をおかけすることはありません。ですが、お尋ねしたいことがあります。ガウンは何色ですか？」

「黄色です」夫人は笑いながら答えた。「それが重要なのですか？」
「とても重要です、伯爵夫人」ポアロが答えた。「ありがとうございました」
「きれいな方ですね」夫人が去ったあと、ブークが小さくため息をつきながら言った。
ポアロも同意したが、夫人のパスポートの汚れのことを考えていた。

第16章 大佐 （☞ p.98）

今度はイギリス人の大佐が入って来た。外国人の集団に質問されることが面白くなさそうだった。多少てこずったが、ポアロは大佐がインドからイギリスに旅行していることを聞き出した。大佐は3日間バグダッドに立ち寄り、昔の友人に会っていた。
「デベナムさんにはバグダッドで会われたのですか？」ポアロが尋ねた。
「いや、キルクークからニシビンまでの列車のなかで会った」
「デベナムさんはイギリス人女性です」ポアロが言って、身を乗り出した。「イギリス人男性として、彼女のことをどう思われますか？」
「なんという質問をするのだ？」アーバスノット大佐が腹を立てた。「デベナムさんは淑女ですぞ」
「実は、この殺人犯は女性だという証拠があります。この列車のすべての女性の性格を知っておく必要があるのです。しかし、イギリス人女性は真意を読みとりにくいのです。協力していただけませんか？」
「デベナムさんは、この事件にまったく関係がないと断言できる」大佐が言った。
「なるほど。では次に進みましょう。犯行は午前1時15分ごろに行われた可能性があります。その時間、何をなさっていましたか？」
「アメリカ人の青年、マックイーンと彼の部屋で話をしていた。昨日、ふとしたことで話を始めたら、長いあいだ政治に関する話をすることになった。たばこを吸おうとヴィンコヴチ駅で列車を降りた。しかし、外があまりに寒かったので、列車に戻った」
「紙巻たばこを吸われますか？」
「いや、パイプだ」
「会話は何時に終わりましたか？」
「2時ごろだったと思う。それから自分の部屋に戻ってベッドに入った」
「マックイーンさんと話をされているあいだに、通路を往来する人を見かけませんでしたか？」
「思い出せそうもないな……そうだ、女がひとり、通り過ぎた気がする。ちゃんと見たわけではないが、果物のような香りと、ドアの向こうで何か動いたようだった。

女だったと思うね」
「アームストロングの事件のことはご存じですか？」
大佐が首を横に振ると、ポアロは事件を説明し、ラチェットの本名を告げた。大佐は驚いたが、アームストロング家の誰のことも知らなかった。
「ところで、どんなことでもかまいませんから、ほかに言っておきたいことはありませんか？」ポアロが訊いた。
「気になることがある」大佐が言った。「たぶんたいしたことでないと思うが、部屋に戻る途中、1番奥の部屋の男がドアを開けたままにして通路をのぞいていることに気づいた。私に気づくと、すぐにドアを閉めた。まるで自分の姿を見られたくないようだった。おそらく、重要なことではないだろうが……」
「興味深い話です」ポアロが言った。
「そうかね、それでは……」大佐はそう言うと、立ち上がって出て行った。
大佐が立ち去ると、ポアロは深く腰をかけた。
「パイプを吸うことを認めたのは大佐だけだ」彼は言った。

第17章 ハードマン氏 （☞ p.102）

一等車の乗客の最後はハードマン氏だった。アメリカ人のセールスマンである。
「ぼくに何かご用ですか、みなさん？」彼はにこやかに訊いた。
「昨夜の殺人事件を調べています。昨夜、夕食後に何をしていたか教えてください」ポアロが言った。
にこやかな笑みが消えた。
「すみませんが、みなさんはいったいどういう方々なのですか？」ハードマンが訊いた。
ポアロは自分や、ブーク氏、コンスタンチン医師の立場を説明した。
「エルキュール・ポアロですか」ハードマンが言った。「あなたのことは聞いたことがあります。本当のことを言ったほうがよさそうですね。実は、ぼくも私立探偵なのです」
ハードマンはポアロに名刺をわたした。そこには「サイラス・ハードマン、マクニール探偵社、ニューヨーク」と書かれていた。
ポアロはその探偵社を知っていた。アメリカで最も評判のいい探偵社のひとつだった。
「どうしてこの列車に乗っているのですか、ハードマンさん？」
「イスタンブールである事件の調査をしていました。仕事が終わり、ニューヨークに帰国しようとしていたところ、トカトリアン・ホテルでラチェット氏からの手紙を受け取ったのです。手紙には、彼はぼくがマクニール社で働いていることを知っていて、身辺警護のためにぼくを雇ったと書いてありました」
「つづけてください」ポアロが言った。
「ホテルでラチェット氏に会うと、受け取った脅迫状を見せられました。ぼくの仕事は、旅に同行して、誰も彼に触れないようにすることでした。ええ、そうです、何者かが、彼に連絡してきたのは確かです。ラチェットは彼を襲うかもしれない者のおおよその特徴を教えてくれました」
「本当ですか？」ポアロは驚いて尋ねた。「どんな特徴ですか？」
「ラチェットによると、殺人者は小柄で、浅黒く、女のような声をした男だそうです」ハードマンが答えた。
「うーん」ポアロが考え込んでつぶやいた。「ラチェットの正体を知っていましたよね？　本名はカセッティで、アームストロングの事件の犯人です」
ハードマンは目を大きく開いた。
「そうなんですか！　それは驚きだ！　もちろん事件のことは知っていますが、事件が起きたときヨーロッパにいたのです」
「さあ、話をつづけてください」
「もうそんなに言うことはありません。ラチェットに雇われてから、昼間は眠り、夜間に起きていました。部屋のドアを少し開けて、ラチェットの部屋に入る者は見逃さないようにしました。昨夜、いつものように通路を見張っていましたが、見たことのない人間が列車に乗り込んで来ることはありませんでした」
「一人もいなかったのですね？」
「そうです」
「あなたのいたところから、車掌が見えましたか？」
「はい、車掌は近くにいましたから。その夜はとても忙しそうでした。ヴィンコヴチ駅を出たあとで列車が止まりました——雪のせいだと聞いています。車掌がベルで呼ばれて誰かの部屋に行くと、部屋のなかから間違っただけだとフランス語で言う声がしました。それから別のベルが鳴ると、車掌はドイツの婦人に、誰かの部屋に——たぶん、ロシアの婦人のところに——行くように言いました。そのあと、後方の車両に15分ほど行っていました。ところが、ベルが狂ったように鳴り始めました。車掌はベルに応えるために戻ってきました。アメリカの婦人でした。
すると、またベルが鳴り、車掌は誰かの部屋に水を届けました。その後はアメリカ人秘書のベッドの用意をするまで、自分の席に座っていました。それから午前5時ごろまで動いてないと思います」
「貴重な情報をありがとうございました」ポアロが言った。「部屋を出られる前に、紙巻たばこはいかがですか、それともパイプのほうがよろしいですか？」
「では紙巻たばこを」ハードマンは答えると、1本抜いて部屋を去った。
3人の男たちは深く腰かけ、考えにふけった。

「小柄で、浅黒く、女のような声をした男」ブークがつぶやいた。
「列車のなかの誰にも当てはまらないですね」ポアロが言った。

第18章 イタリア人（☞p.106）

アントニオ・フォスカレリが微笑みながら食堂車にやって来た。生まれはイタリアだが、アメリカに帰化して、フォード自動車会社の販売員をしている。彼は自分の仕事、旅行、自動車業界について何もかも語った。隠し事などなさそうだった。
フォスカレリが話を止めて息をつくと、ポアロはラチェットの正体を話した。フォスカレリは驚いた。
「アームストロング事件のことは覚えています」彼が言った。「女の子が――たしか、赤ん坊が――誘拐された、そうですよね？」
「そうです。アームストロング家の誰かと親交があるか、会ったことはありますか？」
「いいえ、ありません。しかし、アメリカにはあらゆる種類の人間がいますから、誰に会ったかなんてわかりませんよね？」
「昨夜、夕食後に何をしていましたか？」
「できるだけ長く、食堂車にいました。人と話すのが好きですからね。アメリカ人のセールスマンとしゃべり、そのあと部屋に戻りました。部屋は空でした――イギリス人の召使いは、おそらく雇い主の部屋に行っていたのでしょう。戻って来ると、端っこに座って読書です。退屈な男ですよ」
「それからどうしました？」
「車掌が来てわたしたちのベッドの支度をしてくれました。私は上段なので、ベッドに上がり、たばこを吸って読書しました。そのうち眠ってしまいました」
「夜のうちに誰かがあなたの部屋に出入りしませんでしたか？」
「そんなことはなかったと思います。それなら音が聞こえたはずですから」
「パイプを吸いますか？」
「いいえ、紙巻たばこだけです」
「ありがとうございます、フォスカレリさん。これで終わりです」
フォスカレリは暖かい微笑を浮かべ、3人の男にではこれでと言った。
「彼が殺人犯に違いない！」イタリア人が去るとブークが言った。「彼はイタリア人だ！　怒りに駆られて人を12回も刺せるのはイタリア人だけだ。そのうえ、カセッティはイタリア人の名前だ。おそらくふたりは、犯罪仲間でしょう」
「あなたは結論に飛びつきすぎます、友よ」ポアロが言った。「今回の殺人が激情に駆られたものだとは思えません。長いあいだに周到に計画されたのです。わたしが思うに、犯人は分別のある人です。メアリ・デベナムのようにね。さあ、彼女を呼び出しましょう」

第19章 デベナム嬢 (☞p.110)

デベナム嬢が食堂車に来た。落ち着いて、黒いスーツをきちんと着ていた。彼女はポアロの真向かいに座った。

「お名前はメアリ・ハーマイオニー・デベナムで、年齢は26歳ですね？」ポアロが尋ねた。

「そうです」

「昨夜、夕食後はどうされていましたか？」

「言うほどのこともありません。ベッドに入って眠りました」彼女が答えた。極端に落ち着いていた。

「この列車で殺人が起こったことが、少しも気にならないのですか？」

この質問にデベナム嬢は驚いた。

「わたしは……いいえ、特に気になりません。どうしてそのようなことをお尋ねになるのですか？」

「ほとんど感情を表されないからです、デベナムさん」

「だって、毎日のように人は亡くなります。私はそのようなことでヒステリーを起こしはしません」

「ラチェットの正体をご存じですか？」

彼女はうなずいた。

「ハバード夫人がみんなに話されています」

「あなたはバグダッドからロンドンに行かれるのですね？」

ふたたび、彼女がうなずいた。

「バグダッドでは何をされているのですか？」

「家庭教師をしています。ロンドンには休暇で参ります」

「グレタ・オルソンさんと同室ですね。彼女のガウンは何色ですか？」

デベナム嬢は目を見開いた。

「薄茶色だと思います」

「それであなたのは？」

「紫色です」

「ありがとうございます。これで終わりです」ポアロが冷やかに言った。

若い女性は面接があまりに早く、変な雰囲気で終わったことに驚いたようだった。彼女は急いで立ち去り、3人の男たちが残された。

第20章 ヒルデガルデ・シュミット（☞p.112）

メアリ・デベナムが去ると、ブークがポアロに向き直った。
「どうしてあの人にあんなに冷たくしたのですか、友よ？ 彼女を疑っているのですか？」
「理由はふたつあります」ポアロが言った。「最初に、デベナム嬢はまったく感情を表さなかった。自分のことをほとんど明かしません。それで、彼女を揺さぶるのが役に立つと考えたのです。次に、わたしは本当に彼女を疑っているからです」
ポアロのふたりの仲間が驚いて彼を見つめたので、ポアロはアレッポからの旅中にメアリ・デベナムがアーバスノット大佐に言った言葉を耳にしたことを話した。
「たしかに妙ですな」コンスタンチン医師が言った。「彼女と大佐が共犯だとお考えですか？ 殺人者がふたり、男と女というのは、死体に残ったいくつかの傷の説明がつきます」
「そうです。しかし、他にそれを裏付ける事実がまったくありません」ポアロが言った。「大佐とデベナム嬢がふたりで殺人を企てたとしたら、お互いにアリバイを証明するはずです。しかし、そうではありませんでした。メアリ・デベナムのアリバイは、彼女がこれまで会ったことのないスウェーデン人の女性が証明し、大佐のアリバイを証明したのは、殺された男の秘書、マックイーンです。それでは筋が通りません」
ブークとコンスタンチンが同意した。
「さて、最後の乗客の面接を始めましょう」ポアロが言った。「ヒルデガルデ・シュミットを呼んでください」
ドイツ人のメイドが礼儀正しく入って来た。ポアロは親切そうな笑みを浮かべ、丁寧なドイツ語で、ヒルデガルデ・シュミットへの質問を始めた。まず、昨夜の行動について尋ねた。
「夕食後は、寝ていました。ところが、車掌が来てドラゴミロフ公爵夫人がお呼びだと言いました」
「何時だったかわかりますか？」
「いいえ、時計を見ませんでしたので」
「それで、赤いガウンを羽織って公爵夫人のところに行ったのですね？」
ヒルデガルデは戸惑った顔でポアロを見つめた。
「いいえ、わたしのガウンは紺色です。どちらにしても、ガウンを着ませんでした。服に着替えたのです。ガウン姿を奥さまに見られるのは好みませんから」
「もちろんです。失礼しました。先をつづけてください」ポアロが言った。
「奥さまにマッサージをして本を読んで差し上げました。じょうずに読めないのですが、奥さまはそれを好まれるのです。眠くなるからだそうです。うとうとされたので、自分の部屋に戻り、毛布を1枚調達しました。奥さまの部屋に行って毛布をおかけして、部屋に戻って眠りました」
「通路で、見知らぬ人に出会いませんでしたか？」
「いいえ」
「通路で赤いガウンの女性を見かけませんでしたか？」
「いいえ」
「車掌を見かけましたか？」
「はい、奥さまのお部屋から2、3室離れた誰かの部屋から出てきました」
「なるほど。車掌は夜のあいだ、しょっちゅうベルに呼び出されて、乗客の部屋に行きますからね」
「車掌はもう少しでわたしとぶつかりそうになりました。奥さまに毛布を持って行くときです。車掌は食堂車の方に向かっていました。そのときベルが鳴ったのですが、それには応えませんでした。おまけに、その車掌はわたしを呼びに来た車掌ではなく、別の人でした」
「別人ですと！　会えばわかりますか？」
「たぶん、わかると思います」
ポアロはブークに何やらささやいた。ブークは食堂車から出て行き、3人の車掌を連れて戻って来た。
「シュミットさん」ブークが言った。「昨夜ぶつかったのはどの車掌か教えていただけますか？」
ヒルデガルデ・シュミットは、すぐさま首を横に振った。
「昨夜、ぶつかった車掌はここにいません」彼女が答えた。
「しかし、この列車にはほかに車掌はいないのですよ」ブークが言った。
「間違いありません。ここにいるのは背が高く、恰幅が良い人たちばかりです。わたしが見かけた車掌は、小柄で、浅黒く、少し口ひげがありました。『すみません』と言ったとき、弱々しくて女性のような声でした。ええ、はっきりと覚えています」

第21章 乗客の証言のまとめ (☞p.116)

「小柄で、浅黒く、女のような声をした男」ヒルデガルデが去ったあと、ブークが考え込んで言った。「どうも理解できない！　すべての乗客と話をしたのに、何ひとつわからないとは！」
「そうだとは言い切れません、友よ」ポアロが言った。「いくつかの事実がわかっていますし、新たな疑問もあります。まず、ラチェット、つまりカセッティが昨夜、12か所を刺され、殺されたことです。犯行時刻については3つの可能性があります。壊れた時計から、われわれは彼が1時15分に死んだと考えました。しかし、犯行はその前か後に行われ、時計は偽装工作であると考えることもできます。
さて、最初の選択肢を信じる、つまり犯行時刻が1時15分だったとしたら、犯人はまだこの列車にいるはずです。雪の上に足跡を残さずに出て行くのは不可能だからです。
犯人の特徴に関しては、ハードマンが、小柄で、浅黒く、女のような声をした男と証言しました。ヒルデガルデ・シュミットがそれを裏づけています。さらに、ハバード夫人の部屋で見つかった車掌のボタンがあります」
「しかし、ヒルデガルデの言うことが真実なら」コンスタンチンが言った。「なぜピエール・ミシェルは、彼女か、もうひとりの車掌を通路で見かけたと言わなかったのだろう？」
「ピエールは、まだハバード夫人の部屋にいたのでしょう」ポアロが言った。
「ええ、そうです」ブークがいらいらして言った。「しかしその小柄で浅黒い男はどこに行ったというのです？」
「興味深い点です。その疑問には答えが2つだけ考えられます。彼がこの列車のどこかに非常に巧妙に隠れているので見つけることができない、あるいは、乗客としてこの列車にまぎれ込んでいるかのいずれかです。このことから数人の乗客が除外されます。マックイーン、アーバスノット、フォスカレリ、アンドレニ伯爵は大きすぎます。小柄なのは召使いだけです。一方、犯人は車掌の制服を着た女である可能性もあります」
コンスタンチンとブークはじっと考え込みながら座った。
「もうひとつ疑問があります」ポアロがつづけた。「赤いガウンの女は誰かということです。目撃したのはピエール・ミシェル、デベナム嬢、マックイーン、それにわたしです――アーバスノット大佐は香りを嗅いでいます。彼女も、もうひとりの車掌と同様、消えてしまいました。彼女はどこにいるのか？　車掌の制服と赤いガウンはどこにあるのでしょう？」
「それだ！」ブークが叫んだ。「列車のなかのすべての荷物を検査しましょう！」
3人の男が荷物検査のために立ち上がったのと同時に、通路の向こうから悲鳴が聞こえた。直後にハバード夫人が食堂車に飛び込んで来た。
「恐ろしい！」夫人が叫んだ。「なんて恐ろしいこと！　わたくしの化粧ポーチに！大きなナイフが――血まみれの――」
突然、夫人は気絶してブークの上に倒れ込んだ。

第22章 凶器 (☞ p.120)

係を呼んでハバード夫人の世話を頼むと、ポアロ、コンスタンチン、ブークは夫人の部屋に駆けつけた。ドアのまわりに人々が集まっていた。ドアの番をしていたピエール・ミシェルが、3人の男たちをなかに通した。
「そこにあります」床を指さしながら、車掌が言った。「わたしは手を触れていません」
隣室に通じるドアに化粧ポーチがかかっていた。その下の床には、ハバード夫人の手から落ちた場所にナイフがころがっていた。乾いた血がこびりついていた。
「どう思われます、先生？」ナイフを拾い上げながら、ポアロが尋ねた。
「そうですな」コンスタンチンが答えた。「凶器に間違いありません。これならラチェットのどの傷にも一致するでしょう」
ポアロはドアの取っ手にかかっている化粧ポーチを見た。取っ手の30センチほど上に錠があった。ポアロは長いあいだ錠を食い入るように見ていた。深く考え込んでいるようだった。
ちょうどそのとき、ハバード夫人が部屋に入って来た。
「言っておきますが」夫人が言った。「この部屋には一晩だっていられません！　絶対にいやです！　ここで寝るのなら通路に座っているほうがましです！」そう言うと、夫人は泣き出した。
「もちろんです､マダム！」ブークが夫人のそばに走り寄って言った。「すぐに移っていただきます。アテネ-パリ間の車両の部屋を使っていただきましょう。わたしとコンスタンチン医師のほかに誰もおりません」
「まあ」ハバード夫人が涙をふきながら言った。「ご親切なこと。この部屋では恐ろしい思いをしました。それに、死んだ男の隣の部屋で寝るなんて、気が狂ってしまいますわ！」
「すぐに、お荷物を運ばせましょう」ブークが言って、隣の車両に急いで夫人を連れて行った。ポアロとコンスタンチンもあとにつづいた。
新しい部屋に移ると、ハバード夫人はうれしそうに室内を見回した。
「けっこうですわ」夫人が言った。
「いまだに不思議なのですが、マダム。ドアに鍵がかかっていたのに、どうやって犯人はあなたの部屋に入ったのでしょうな」ポアロが言った。「グレタ・オルソンに錠を調べてもらったのですよね？」
「そうです。だって、錠が見えなかったのですもの、覚えてらっしゃらない？　化粧ポーチが取っ手にかかっていたのよ。新しいポーチを買わなくては――」
「オルソンさんはポーチを持ち上げて、錠を調べたのですか？」ポアロが尋ねた。
「そうです。そう言っているじゃないの！」
「わかっております」ポアロが言った。「さて、あなたのお荷物を調べる許可をいただきたい。みなさんの荷物を調べることになっておりますので」
ハバード夫人は同意した。ポアロたちは夫人のスーツケースを降ろして、くまなく調べたが、何も発見できなかった。彼らは夫人に礼を言って、ほかの乗客に移った。

第23章 荷物（☞p.124）

ポアロたちがそれぞれの乗客の荷物を調べるのにそれほど長くはかからなかった。最初にハードマンから調べた。彼は荷物を検査されるのを気にしてないようだった。

「どうしてもっと早く検査しないのかと思っていました」彼は笑みを浮かべてポアロに言った。「アメリカのやり方だと、すぐに取りかかりますね――何もしないで待ったりしません」

「アメリカのやり方はヨーロッパより、はるかに効果的でしょうね」ポアロが言って微笑み返した。「しかし、女性となると、ヨーロッパのほうが良いですね。きれいなフランス娘がにっこりすると――これに勝るものはありません！」

ハードマンは窓の外に目をやった。振り返ると、目に涙がたまっていた。

「あの雪はまぶしすぎて見ていられません」そう言って、目をふいた。ちょうどそのとき、ブークが検査を終えた。何も見つからなかったので、次に進んだ。

今度はアーバスノット大佐だった。大佐は腰かけてパイプをくゆらせていた。荷物を検査されても反対しなかった。ポアロたちはパイプ・クリーナーの箱を見つけた。ラチェットの部屋で見つかったようなものだった。ポアロはパイプ・クリーナーを証拠品として持ち出し、次に進んだ。

次はドラゴミロフ公爵夫人、それから伯爵夫妻とつづいた。みんな、検査に応じたが、興味のあるものは何も見つからなかった。そのあとにハバード夫人の元の部屋、ラチェットの部屋、ポアロの部屋があった。ポアロたちはこれらの部屋を飛ばして、二等車に移った。最初はメアリ・デベナムとグレタ・オルソンのところだった。

「オルソンさん」ポアロが言った。「ハバード夫人はつらい1日をすごされたと思います。夫人のようすを見に行っていただけませんか？」

「もちろんですわ！」グレタが言って、立ち上がった。「気の毒な方。すぐに行きますわ」

グレタが出て行くと、ポアロはメアリ・デベナムに目を向けた。

「わたしをひとりにするために、あの方を行かせたのですね」メアリが言った。

「ちょっと個人的なことを伺いたかったのです。シリアからの旅の途中にあなたとアーバスノット大佐の会話を聞きました。あなたは大佐に、『いまはおっしゃらないで。すべてがすんでから』と言われましたが、どういう意味なのですか？」

メアリの顔は真っ赤になったが、沈黙したままだった。

「お答えいただかなくてはなりません」ポアロが言った。

「答えません」メアリは断固として言った。「お断りします。でも、これだけは言えます――この列車に乗るまでは、ラチェットという男を目にしたことは一度もありません」

「あなたがお答えにならなくても」ポアロが言った。「見つけ出します」。軽くお辞儀をしてポアロは次に進んだ。

次はヒルデガルデ・シュミットの部屋だった。彼女は3人を招き入れ、検査のあいだ脇に寄っていた。小さなスーツケースには役に立つものは何も見つからなかった。ふたつ目の大きなスーツケースを開けたブークが、叫び声を上げた。

一番上に、車掌の制服が丸めて置かれていた。

ポアロはさっそく詳しく調べ、銀のボタンがひとつなくなっていることを確認した。ポケットのなかを見ると、車掌用の鍵が入っていた。

ヒルデガルデの顔が曇った。

「わたしのじゃないわ！」彼女は叫んだ。「誓ってもいいです。どうしてここにあるのかわかりません！」

「大丈夫ですよ」とポアロが言って、彼女を落ち着かせた。「腰かけてください。あなたを信じています。あの制服があなたのものでないことはわかっています。ちょうどあなたが料理上手だってことがわかっているようにね」

ポアロはにっこりして、彼女が腰かけるとその腕を軽くたたいた。

「あなたは料理がお得意なんでしょう？」

困惑しつつも、少し落ち着きを取り戻して、彼女は微笑んだ。

「はい」彼女が言った。「奥さまたちはみな、そのようにおっしゃいました」

「それはけっこうです」ポアロが言った。「それでは、この制服を証拠品として持って行きますが、あなたのものでないことはわかっています。つまりこういうことだったのでしょう――犯人がラチェットの部屋から出て来る。そしてあなたとぶつかる。男にとっては不運でした。誰にも目撃されたくなかったからです。そうなった以上、制服を始末しなくてはならない。では次にどうするか？　あなたが部屋を出たところだということを知っていた。それで、あなたの部屋に入り、制服を置いていったのです」

これを聞いて、ヒルデガルデが落ち着いたようだったので、3人の男は部屋を去った。

「これで犯人は鍵も持っていたことがわかりました！　どの部屋にも好きなように出入りできたのです」ブークが言った。

「たしかにそう見えますが……」ポアロが返事した。

最後に、3人はマックイーンの部屋に行き、つづいてマスターマンとフォスカレリの部屋を調べた。何も見つからなかった。3人はみな同じことを考えていた――赤いガウンはどこに行ったのか？

長い午後だったので、3人は少し休憩してから、食堂車で話し合うことにした。ポアロは部屋に戻り、紙巻たばこを取り出そうとした。しかし、スーツケースを見たとたん、ぎょっとして目を見張った。スーツケースの上に丁寧にたたまれていたのは、赤いガウンだった。
「挑戦だ！」ポアロは思った。「よろしい。受けて立とう！」

第24章 いくつかの点 （☞ p.132）

ブークとコンスタンチンが食堂車で話していると、ポアロが入って来た。ふたりとも混乱しているようだった。
「この事件は手に余ります！」ブークが言った。「解決することなど不可能です」
「そうとは思えません」ポアロが言った。「語るべきことはたくさんありますよ。あなた方はちゃんと聞いていなかっただけです」
「それはどういう点ですか？」
「ひとつ目は、マックイーンがラチェットは英語以外の言葉を話せないと言ったことです」
ブークとコンスタンチンは互いを見た。
「わかりませんか？　車掌がラチェットのベルで呼ばれたとき、ラチェットの部屋から聞こえた返事はフランス語でした。それもこなれたフランス語でした――片言のフランス語しか知らない者には言えないでしょう」
「その通りです！」コンスタンチンが叫んだ。「だったら、その返事は犯人のものに間違いありません！」
「そうかもしれません、でも、事を急がないでおきましょう」ポアロが言った。「ふたつ目の点は、この列車がこの季節にしては、異常に混んでいることです。アテネ - パリ間の車両はほとんど空です。ブカレスト - パリ間の車両も同様です。イスタンブール - カレー間の車両だけが満席なのです。これは重要なことです」
ブークとコンスタンチンは似たような困惑した表情で見合った。
「ほかにも解明したい点がいくつかあります」ポアロがつづけた。「第１にハバード夫人の化粧ポーチの位置。第２にアームストロング夫人の母親の名前。第３にラチェットの部屋で発見されたハンカチの持ち主。第４にドラゴミロフ公爵夫人のファーストネーム。第５にハンガリーの方のパスポートのしみです」
「わたしには、それらのことがどんな意味を持つのかまったくわかりません」コンスタンチン医師が言った。
ブークはアンドレニ伯爵夫人のパスポートに手を伸ばした。
「このしみのことを言っているのですか？」
「そうです。しみのある場所を見てください――伯爵夫人のファーストネームの頭の文字のところです」
「エレナ・アンドレニ（Elena Andrenyi）と書いてあります」ブークが言った。
「その通りです。ここで、そのしみが文字を隠すためにつけられたと想像してください。ほら、例えば、伯爵夫人の名前が実はヘレナ(Helena)だとしたら――Hをしみで隠して、小文字のeを簡単に大文字のEに変えることができるでしょう」
「なるほど」コンスタンチンが言った。「でも、どうしてですか？」
「ラチェットの部屋で発見された婦人用ハンカチにはHの文字がついていました」ポアロが言った。
「ああ！　ハンカチが発見されたので、急いで名前をヘレナからエレナに変え、ハンカチが彼女のものだという事実を隠したのですね！」
「また、急ぎすぎです」ポアロが言った。「ほかにも注意すべき点があります。アームストロング夫人の母親の名前に戻りましょう。彼女が女優のリンダ・アーデンであることはわかっています。しかしそれは芸名で、本名はゴールデンバーグです。そして彼女には娘がふたりいました。ひとりはソニア・ゴールデンバーグでアームストロング大佐と結婚しました。もうひとりはずっと年下で、ヘレナという名前です。わたしが言いたいのは、みなさん。ヘレナ・ゴールデンバーグはワシントンに駐在していたアンドレニ伯爵と結婚したということです。つまり、彼女こそアンドレニ伯爵夫人だということです！」
「まさか！」コンスタンチンが言った。
「これでなぜ彼女がラチェットを殺したいと思ったか、なぜパスポートの名前を書き換えたか説明がつきます。しかし、みなさん、興味深いのは、ハンカチは彼女のものではないということです」
「いったいぜんたい、どういうことですか？」ブークが叫んだ。
いまや、ブークとコンスタンチンは、完全に途方に暮れていた。
「すぐにわかりますよ」ポアロが言った。「では、最初に伯爵夫人から話を聞きましょう」

第25章 しみ (☞ p.136)

アンドレニ伯爵夫人が伯爵に付き添われて食堂車に来た。
「伯爵夫人」ポアロが始めた。「これを落とされましたね」ポアロはハンカチを差し出した。
「わたしのものではありません」伯爵夫人が言った。
「ほう？　あなたのものだと思ったのですがね。あなたのイニシャルがありますから――Hの文字です」
伯爵がいきなり動いたが、伯爵夫人が押しとどめた。
「おっしゃっていることがわかりません。わたしのイニシャルはE. A.です」
「いいえ。あなたはヘレナ・ゴールデンバーグです。リンダ・アーデンの下のお嬢さんで、ソニア・アームストロングの妹さんです」

沈黙が、まる1分、食堂車に訪れた。
「そうではありませんか？」ポアロが穏やかに訊いた。
ついに、伯爵夫人がはっきりとした声で答えた。「はい、その通りです。椅子にかけてお話ししたほうがよさそうですね」
腰かけると、伯爵夫人は自分のことを語り始めた。
「わたしはヘレナ・ゴールデンバーグです。そしてあのラチェットという男はわたしの姪、義理の兄、そして姉の死を招いた張本人です。わたしには彼を殺す強い動機があります。そんなときラチェットが殺され、彼の部屋でHの文字がついたハンカチが見つかったと聞きました。わたしたちは、わたしが容疑者とみなされるのではないかと思い、夫がわたしを守るためにパスポートを書き換えました。でも、夫もわたしも誓って言いますが、私はあの男に指1本触れたことはありません」
「名誉にかけて誓いますが」伯爵が言った。「ヘレナは昨夜、睡眠薬を飲んで、朝まで眠っていました。妻の身元について嘘を言って申し訳ありませんが、そうする必要があったのです」
ポアロはしばらく黙っていた。
「Hのイニシャルの入ったハンカチについてはどう弁明されますか？」
「わたしのものではないと断言できます」
「わたしに信じてほしければ、助けてもらわなくてはなりません」ポアロが言った。
「どのようにして？」
「今回の殺人の動機は、アームストロング一家の過去にあります。わたしを一家の過去に引きもどし、この一家について教えてください」
「でも、みんな死んでしまったわ！」ヘレナが泣き始めた。
「子守は誰だったのですか――自殺した若い女性のことですが？」
「スザンヌ？　かわいそうに。彼女は事件になんの関係もなかった――」
「国籍は？」
「フランスです」
「姓はなんといいますか？」
「わたし――思い出せません」
「一家の看護師の名前は？」
「シュテンゲルベルクという名前だったと思います」
「それでは、あなたの家庭教師は？」
「大柄の中年女性で、スコットランド人です。鮮やかな赤毛で、大声で気性の激しい人でした。とても怖かったのを覚えています」
「名前は？」
「フリーボディ夫人です」
「ありがとうございます、伯爵夫人」ポアロが言った。「知りたいことはすべて教えてくださいました」

第26章 ドラゴミロフ公爵夫人の名前 (☞ p.140)

伯爵夫妻が食堂車から出て行くと、ドアが開き、ドラゴミロフ公爵夫人が入って来た。

「驚きました！」ブークが言った。「どうぞこちらへ。どうなされました、公爵夫人？」

「わたくしのハンカチをお持ちのようね」

困惑して、ブークとコンスタンチンが目を合わせた。

「ここにございます」ポアロがハンカチを夫人にわたしながら言った。

「しかし——しかし——あなたのお名前はナタリア・ドラゴミロフではありませんか？」ブークが訊いた。「どうして、Hのイニシャルなのですか？」

公爵夫人は冷たい目でブークを見つめた。

「わたくしはロシア人です。わたくしのハンカチにはすべてロシア文字のイニシャルが入っています。ロシア語ではNがHになるのです」

ポアロはふたりの友人に得意げな視線を送った。

「失礼を覚悟で伺いますが、公爵夫人、どうしてあなたのハンカチが殺された男の部屋にあったのでしょうか？」ポアロが尋ねた。

「わかりませんわ」

「あなたが嘘をついてないと、どうして信じることができます？　前にも嘘をつかれていますからね」

「そうおっしゃるのは、アンドレニ伯爵夫人がヘレナ・ゴールデンバーグだと言わなかったからですか？」

「その通りです」

「ヘレナの母親は、わたくしの大の親友でした、ポアロさん。あの娘の身元について嘘をついたのは、あの娘を守るためでした。同じことがあったら、また嘘をつきますわ」

そう言うと、夫人はハンカチを手にして、部屋から出て行った。

「嘘の上塗りですな！」夫人が去るとブークが言った。「この列車にどれだけ嘘つきがいるのかわかったものじゃありません」

「いやいや、もっともっと出て来ますよ！」ポアロが言った。「もう一度、メアリ・デベナムと話しましょう」

第27章 メアリ・デベナムに関する真実 (☞ p.142)

メアリが食堂車に到着すると、ポアロはもう一度、彼女の外見を観察した。若くてほっそりして、黒髪に黒い目。彼女の何もかも――彼女の声、口調、態度――が静かだった。そう、たしかに彼女こそ、ポアロが捜していた家庭教師だった。
「デベナムさん」ポアロはメアリが座ると言った。「あなたが誰なのかわかりました」
「いったい何をおっしゃっているのでしょう？」彼女はいつもの落ち着いて穏やかな態度で尋ねた。
「あなたはヘレナ・ゴールデンバーグの家庭教師でした。数年間、アームストロング家に住んで働いていましたね」
彼女は目を大きく開いたが、何も言わなかった。
「友よ」ブークが割り込んだ。「何の根拠があるのですか？」
ポアロは真っ直ぐにメアリを見つめ、話し始めた。
「アンドレニ伯爵夫人、つまりヘレナ・ゴールデンバーグが教えてくれました。彼女によると、家庭教師は大柄で、中年の、大声で話すスコットランド人女性です――すべてにおいて、デベナムさんと正反対でした。家庭教師の名前を訪ねると、彼女は『フリーボディ』と答えました。わたしは、イギリスに〈デベナム・アンド・フリーボディ〉という有名店があるのを知っています。彼女がフリーボディと答えたのは、最初に思い浮かんだ名前だったからです。彼女はこのような嘘をついて、メアリ・デベナムの身元がばれないようにしたのです」
「そうだったのか！」ブークが叫んだ。
「ポアロさん、もう十分です」メアリが言った。目に涙があふれていた。「失礼させていただきます！」
メアリは食堂車から走って出て行った。
「信じられない」コンスタンチンが言った。「この列車の乗客全員がアームストロング事件に関係していると聞いても驚きません！」
「まさにその通り！」ポアロが言った「わたしの推理では、イタリア人はアームストロング家の運転手、ヒルデガルデ・シュミットは料理人、イギリス人の召使いはアームストロング大佐の従者、スウェーデン人の婦人は乳母です。芝居は終わりです。みなさんを食堂車に呼びましょう。2通りの説を披露します」

第28章 ふたつの解決法 (☞ p.144)

イスタンブール - カレー間の車両のすべての乗客が、食堂車に集まった。みんなが同じ表情を浮かべてポアロを見つめた――好奇心と心配の混ざった表情。車掌のピエール・ミシェルは、うしろに立った。全員が席に着くと、ポアロが話し始めた。

「サミュエル・エドワード・ラチェット、つまりカセッティの死には、ふたつの解決法が考えられます。これから両方を説明しますので、ブーク氏とコンスタン医師にどちらが正しい解決法か判断をお願いしようと思います。

みなさん全員が事実をご存じです。今朝、ラチェット氏が刺されているのが見つかりました。最後に生きていることが確認されたのは昨夜の12時40分で、ドア越しに車掌と話しています。ポケットのなかに入っていた時計は午前1時15分で止まっていました。コンスタンチン医師によると、死亡時刻は夜中の12時から午前2時のあいだとのことです。昨夜の12時30分、雪のため列車が止まりました。それ以後は誰であろうと列車を離れることは不可能でした。

ラチェット氏は自分に敵がいることを知っていました。私立探偵のハードマン氏に、敵の特徴を、小柄で、浅黒く、女のような声をした男だと説明しています。この男はベオグラード駅かヴィンコヴチ駅で、アーバスノット大佐とマックイーン氏が開け放しにしておいたドアから列車に乗り込みました。そして、持ち込んだ車掌の制服を服の上から着ました。また、鍵も持っていて、どのドアも開けることができました。ラチェットは睡眠薬を飲んで眠っていました。男はラチェットを何度も刺し、部屋を出るときはハバード夫人の部屋に通じるドアを通りました。そのとき夫人の化粧ポーチにナイフを押し込み、制服のボタンをひとつ落としました。それから通路に出て、制服を脱いで誰もいない車室に投げ込み、2、3分後に列車がヴィンコヴチ駅を発車するのと同時に、入ったときと同じドアから出て行きました」

「でも、時計をどう説明するのですか？」ハードマン氏が訊いた。

「はい、時計のことですね。ラチェットはツァーリブロッドを出るとき、時間を1時間戻すのを忘れたのです。ですから、ラチェットが刺されたのは実際には12時15分でした」

長い沈黙があった。すると突然、叫び声が上がった。

「いや、違う！」コンスタンチン医師が叫んだ。「つじつまが合いません。列車がヴィンコヴチ駅を発車したのは12時20分です。12時40分に聞こえたフランス語の声をどう説明するのですか？　パイプ・クリーナーのことは？　それにハンカチのことは？　この説明ではうまくいかない点がたくさんあります！」

「では、ふたつ目の解決法を話します」ポアロが言った。「まず、ブーク氏の発言から思いついたことがあります。彼は、列車はあらゆる国籍とあらゆる階級の人々を引きつけると言いました。わたしもそう思い、このように様々な人々が集まるところはほかにないかと考えました。それはアメリカです。異なる階級や国籍の人々が集まることができるのはアメリカの家だけでしょう。例えば、イタリア人の運転手、イギリス人の家庭教師、スウェーデン人の乳母、フランス人の子守などです。このことから、わたしはアームストロング一家におけるひとりひとりの役を考えてみました。

マックイーン氏との二度目の面接で、わたしは彼が殺人に関与していると疑いました。アームストロング家に言及した手紙の話をしたとき、彼は『しかし、確かに——』と言って黙り込みました。そのあとで『つまり、それはラチェットの不注意でしたね』とつづけました。そんなことを言うのは変です。おそらく彼は『しかし、確かにそれは燃やしたはずだ！』と言おうとしたのだと、私はふと思いました。マックイーンは手紙について知っていました——事件に関与していたのです。

つぎにラチェットの召使いです。ラチェットが睡眠薬をいつも飲んでいると言いました。それは事実かもしれませんが、あの夜、ラチェットは睡眠薬を飲んだでしょうか？ 彼は襲われるのではと恐れていたし、枕の下に弾丸を込めたピストルがあったことからも、あの夜ラチェットは目を覚ましていたかった。だから、知らないうちに薬を飲まされたに違いありません。それができたのは召使いか秘書だけです。

つぎに、ハードマン氏の証言から、ほかの車両から入り込んだ者がラチェットを殺せるはずがないことがはっきりしました。彼は通路を一晩中見張っていましたので、外部から誰かが侵入してくれば目撃したはずです。

それから、わたしが耳にしたアーバスノット大佐とメアリ・デベナムの会話があります。ふたりはとても親密な関係なのに、なんらかの理由で他人同士のように振る舞っていることはわかっていました。

つぎの証人はハバード夫人です。夫人は、化粧ポーチがドアの錠の前にかかっていたからベッドからは見えなかった、そこでオルソンさんに頼んで見てもらったと証言されました。夫人の部屋が偶数番号だったなら、証言通りだったでしょう。偶数番号の部屋では錠はドアの取っ手の下についていますからね。ところが、夫人がおられた3号室のような奇数番号の部屋では、錠は取っ手の30センチほど上についています。ですから、夫人が嘘を言われていることがわかりました。

さて、この事件の最も興味深い点に触れましょう。それは時刻です。ラチェットのパジャマのポケットから発見された時計は、1時15分で止まっていました。しかし、寝る前にポケットに時計を入れるのは奇妙ですし、寝心地がよくないでしょう。しかも、すぐそばに時計用のフックがあるのです。わたしには、時計が虚偽の証拠としてパジャマのポケットに入れられたことはわかっていました。列車に乗っている全員に強力なアリバイのある時刻を指すために必要だったのです。では、犯行時刻が1時15分でないのなら、いつだったのでしょう？

12時40分に、わたしはラチェットの部屋で誰かが叫ぶ声を聞きました。しかし、もちろん、ラチェットは薬を飲まされて眠っていました。彼が叫べるはずがありません！ そこで、ラチェットの部屋にいた誰かが、フランス語で車掌に話し掛けたのです——しかし、ラチェットはフランス語を話せません。突然、わたしは気づきました。これはすべて、わたしを欺くための芝居だということに！ わたしの頭が回らず、ラチェットの部屋から聞こえた声が本人の声であるはずがないことに気づけなかった場合にそなえて、マックイーンはわたしに、ラチェットはフランス語を話せなかったと指摘しました！　とても巧妙でしたね。芝居はうまくいきました――わたしは夜に悲鳴を聞き、通路をのぞき、そして赤いガウンの女性を見ました。わたしは本当の殺人を隠すために仕組まれた偽の犯罪の証人になったわけです。

午前1時15分には、ラチェットは睡眠薬を飲まされまだ眠っていたはずです。殺人が起こったのは、騒ぎが収まったあとの午前2時ごろでしょう。では、犯人は誰でしょう？」

すべての目がポアロに釘づけになった。誰もひとこともしゃべらなかった。

「奇妙だったのは、殺人に関与した可能性のある人のアリバイが、思いもよらない人に証明されたことでした」ポアロがつづけた。「マックイーン氏とアーバスノット大佐――以前に会ったことがないように見えるふたりが――互いのアリバイを証言しました。同じことが、イギリス人の召使いとイタリア人にも、若いイギリス人女性とスウェーデン人の看護師にも言えます。わたしは自分に言いました。『信じられない――全員が事件に関係しているはずがない！』と。

ところがみなさん、わたしは光明を見出しました。全員が関係していたのです！これほど多くのアームストロング家の関係者たちが、同じ列車に、同じ時刻に乗り合わせるなどということは、あり得ませんし、不可能です。これは偶然ではなく、計画されていたのです。

わたしのほかに乗客が12人と車掌がひとり。ラチェットは12か所を刺されていました。これは完璧な芝居でした。それぞれの役者が自分の役割を演じました。誰かひとりに疑いがかかっても、十分な証拠を示してその人の疑いを晴らし、問題を混乱させるように仕組まれていました。ハードマンの証言は、誰か外部の人に嫌疑がかかった場合に必要でした。

この解決法で、すべての説明がつきます。傷の様々な特徴――あるものは強く、あるものは弱かったこと――を説明できます。ラチェットに雇われたというハードマンの話は嘘でした。また、赤いガウンの女性の説明もつきます――これも偽装工作でした。また、小柄で、浅黒く、女のような声をした男の説明もつきます。そんな男は存在しなかったのです。男の特徴も、本物の寝台車車掌の誰にも嫌疑がかからないように慎重に考え出されたものです。

わたしの考えでは、乗客の12名全員がラチェットの部屋に順番に入り、刺したのです！　どの一撃が致命傷になったのか、当人たちにはけっしてわからないようにしたのです。

アームストロング家とのつながりが判明しなければ、列車に乗っている者は誰ひとり疑われることはなかったはずです。警察は、外部の者の犯行で、『殺人者』は次の駅でこっそり降りたと判断したでしょう。しかし、脅迫状を完全には処分できず、列車は雪だまりに突っ込んでしまいました。これらの問題に対処するため、共犯者たちは問題をさらに混乱させることにしました。そしてふたつの手がかり――大佐のパイプ・クリーナーと公爵夫人のハンカチ――を部屋に置きました。このふたりが選ばれたのは、どちらもラチェットとの関係が最も薄いように見えたからでした。特に、公爵夫人は小柄で弱々しく、体力が必要な殺人の容疑者になりそうもありませんでした。

計画にはもうひとつ変更がありました――アンドレニ伯爵夫人がソニア・アームストロングの妹だと発覚したら、この殺人の第1容疑者とみなされるでしょう。そのため、共犯者たちは伯爵夫人を殺人に加担させないことに同意しました。しかし、Hのイニシャルのついたハンカチがラチェットの部屋に置かれることになったので、伯爵夫人の名前をヘレナからエレナに変えるほうが安全でした。伯爵はすぐに夫人のパスポートを書き換えました。こうしておけば、伯爵夫人は殺された男や部屋に残された手がかりとまったく関係がないことになります。

昨夜、伯爵夫人のみがラチェットの部屋に行きませんでした。しかし、そうであれば傷は11か所になるはずです――最後は誰だったのでしょう？

もちろん、車掌です。そもそも、このような計画を成功させるには車掌が関与する必要がありました。しかし、車掌とアームストロング家のあいだにどのような関係があったのでしょう？　彼はフランスに住んでいて、長いあいだ寝台車会社に勤めています。そのとき、わたしは自殺したフランス人の子守のことを思い出しました。ピエール・ミシェルは彼女の父親ではないか？　そうすると、何もかも合点がいきます――殺人がこの列車で行われた理由もです。

アーバスノット大佐は、おそらくアームストロング家と親しくしていたのでしょう。ヒルデガルデは、本当は一家の料理人だったのだと思います。わたしが彼女に料理は得意ではないかと訊くと、『はい、お仕えした奥さまたちはみな、そのようにおっしゃいました』という答えが返ってきました。わたしは罠をかけたのです。女主人のお付きのメイドは料理をしません――メイドの仕事ではないからです。さて、ハードマンについてはどうでしょう。アームストロング家とつながりがあるようにはまったく思えません。そこでわたしは、フランス人の子守の恋人だったのではないかと想像しました。わたしがフランス娘はとても愛らしいと言うと、彼は目に涙をためていました。もっとも、雪のまぶしさのせいにしていましたがね。マックイーンはもちろん、この事件の訴訟手続きに携わっていましたし、ソニア・アームストロングの友人でもありました。

残るはハバード夫人です。夫人は最も重要な役割を果たしました。騒々しいわりには頼りなくて、いつも問題を起こし、いつもわれわれの注意を逸らしていました。この役割には、演技の名人が必要でした。プロの女優です。そして、アームストロング家には女優がいました――アームストロング夫人の母親――リンダ・アーデンが……」

ポアロは口を閉じた。

すると、やわらかく豊かな声、これまで旅のあいだ使っていたのとはまったく違う声で、ハバード夫人が言った。「わたし、いつも道化役を演じるのが好きでしたの」

「ドアの取っ手にかけた化粧ポーチのことで失敗するなんて愚かでしたわ」夫人がつづけた。「リハーサルはいつもきちんとするべきだということですね。行きの列車で試してみました。そのときは偶数番号の部屋にいたと思うの。錠の位置のことなど考えたこともありませんでした」

夫人がまっすぐにポアロを見つめた。

「あなたの言われる通りです、ポアロさん。でも、あなたにはカセッティが放免された日のわたしたちの苦しみと悲しみは理解できないでしょう。アーバスノットさんもその場におられました。大佐はジョン・アームストロングの親友でした」

「戦場で、わたしの命を救ってくれたのです」アーバスノットが言った。

「あのときわたしたちは、正義を貫くと決心しました。実行に移すまでに長い時間がかかりました――ラチェットの行方を突き止め、マスターマンとマックイーンを使用人にしました――まさに、すべて完全にうまくいったのです。

もし誰かを責めるのでしたら、わたしひとりを責めてください」夫人がきっぱりと言った。「私はすすんであの男を12回刺したでしょう。デイジーだけじゃないのです。あの子の前にもほかの子どもたちが殺されたし、これからもあるかもしれないのです。カセッティは刑に服するべきだったのです。ほかの人たちを巻き添えにしないでください。大佐とメアリは――愛し合っています。ふたりにはこれからの人生があるのです……」

ポアロは友人を見つめた。

「あなたはこの会社の重役です、ブークさん」ポアロが言った。「ご意見を伺いたいのですが？」

「わたしの意見を申し上げるなら」ブークが言った。「あなたの最初の説が正しいと思います」

「賛成です」コンスタンチン医師が言った。「われわれはこの解決法を警察に知らせましょう」

「それでは」ポアロが言った。「わたしの仕事はこれで終わりです」

本書を読み解くための重要英文法

さまざまな文法項目のうち、本書の中で特に頻出している重要文法事項を、以下に整理します（順不同）。

●分詞構文

現在分詞（-ing）や過去分詞（-ed）が接続詞の役割を果たしている副詞句のことを、分詞構文と呼ぶ。

・Repeating that he was sorry, Poirot introduced himself.（謝罪を繰り返しながら、ポアロは自己紹介した）

➡「～しながら」の意味の付帯状況を表している。

・Thinking it was a good idea, Poirot followed.（良い考えだと思ったので、ポアロは後に続いた）

➡「～なので」の意味の理由・原因を表している。

・"No, sir," said the conductor, surprised.（「いいえ、違います」と車掌は驚いて言った）

➡ 付帯状況を表す。being surprisedのbeingが省略されている。

・She left with her eyes (being) filled with tears.（彼女は両目に涙をあふれさせながら立ち去った）

➡ 分詞の意味上の主語が明示された独立分詞構文。

●分詞の後置修飾

形容詞の役割を担う現在分詞（-ing）や過去分詞（-ed）が補語や目的語、その他の修飾語句を伴うと、名詞・名詞相当語句を後ろから修飾する。

・I am the detective investigating this case," said Poirot.（「私はこの事件を捜査している探偵です」とポアロは言った）

➡ 現在分詞investigatingがthe detectiveを修飾している。

・At the back of the dining car was a woman dressed all in black.（食堂車の奥に全身黒ずくめの女性がいた）

➡ 過去分詞dressedがa womanを修飾している。

●形式主語itを用いた構文

文の主語（主部）が長くなり過ぎる場合、構文のバランスを考慮して、形式的にitを主語に立て、長い主語（主部）に当たる句や節を後ろに置くことが多い。

· It was clear to Poirot that the colonel had feelings for the lady but was trying to hide them.（大佐が女性に対して複雑な感情を抱いていながらそれを隠そうとしていることが、ポアロには明らかだった）

➡ 形式主語itがthat節を代表している。

· It took a long time to make it happen.（事を起こすのに長い時間がかかった）

➡ 形式主語itがto不定詞を代表している。

· It did not take very long for the men to search each passenger's bags.（男たちが各乗客の荷物を調べるのに、さほど時間はかからなかった）

➡ 形式主語itがto不定詞を代表しており、for ～の形でto不定詞の意味上の主語が明示されている。

●同格とパラフレーズ（言い換え）

人や事物について説明を付け加えたり、同じ語句の繰り返しを避けたりするために、同格表現やパラフレーズが用いられる。特に英語では、できるだけ同じ語句を繰り返さないことが重視されるので、パラフレーズが多用される。

· Colonel Armstrong, a war hero, was married to the daughter of Linda Arden.（アームストロング大佐、すなわち戦争の英雄は、リンダー・アーデンの娘と結婚した）

➡ Colonel Armstrongとa war heroが同格。

· The evidence of the watch was faked.（時計という証拠がねつ造された）

➡ 前置詞ofを挟んで、前後が同格。

· If we believe the first option, that the murder happened at 1:15, then we must also believe that the murderer is still on this train.（最初の選択肢、つまり殺人が1時15分に起きたことを信じるなら、やはり、殺人者がまだこの列車内にいると考えざるを得なくなる）

➡ the first optionと、続くthat節が同格。

· "Let's question MacQueen again to clear some things up," he said. The young man arrived quickly.（「マックイーンに再度質問して、物事をはっきりさせましょう」と彼は言った。当の若者はすぐにやって来た）

➡ MacQueenという人物（名）をthe young manというその人物の属性を表す言葉でパラフレーズしている。

●to不定詞

To不定詞には、名詞的用法、形容詞的用法、副詞的用法の3つがある。特に副詞的用法には、目的・結果・理由など多くの意味があるので、前後関係や文脈に応じて意味を見極めることが重要になる。

・It's wise to be sure about one's safety.（人の安全を確実なものにすることは懸命だ）
　➡ 名詞的用法のto不定詞で、形式主語itによって代表され、文の主語になっている。

・I have two different theories to share.（私は2種類の異なる説明を披露できる）
　➡ 形容詞的用法のto不定詞で、直前のtwo different theoriesを修飾している。

・To deal with these issues, I believe the group decided to confuse the issue even further.（これらの問題に対処するために、この集団はさらに問題を複雑にすることにしたのだと思う）
　➡ 副詞的用法のto不定詞で、目的を表している。

・Poirot immediately took a closer look to find that it was missing a silver button.（ポアロはすぐに近づいて調べ、銀のボタンが1つなくなっているのを見つけた）
　➡ 副詞的用法のto不定詞で、結果を表している。

●関係詞

関係詞には関係代名詞と関係副詞があり、それぞれに限定用法（制限用法）と非制限用法という2つの使い方がある。特に非制限用法の理解が、文章理解の鍵となりやすい。

・I'm a man who can take care of himself.（私は自分の面倒を自分で見られる男だ）
　➡ 関係代名詞whoの限定用法。who以下の節が先行詞a manを限定的に修飾している。

・She wanted me to call her maid, which I did.（彼女がメイドを呼んでほしがったので、私はそうした）
　➡ 関係代名詞whichの非制限用法。which以下の節が前の節全体に情報を付け加えている。

・He was last known to be alive at 12:40 last night, when he spoke to the conductor through the door.（彼が最後に生きていることが確認されたのは昨夜の12時40分で、そのとき彼はドア越しに車掌に話し掛けた）
　➡ 関係副詞whenの非制限用法。when以下の節が先行詞12:40 last nightに情報を付け加えている。

●「助動詞の過去形＋完了形（have＋過去分詞）」の構文

could、should、might、wouldといった助動詞の過去形に「have＋過去分詞」の形をとる完了形（完了不定詞）が続くと、過去のことに関する推量や可能性、義務の不履行などの意味を表す。

・It could have made any of Ratchett's wounds.（それを使えばラチェットのどの傷を付けることもできただろう）

➡「could have＋過去分詞」の形で過去の可能性に関する推量を表している。

・We should have left the station at 11:58 p.m.（午後11時58分に駅を出発しているはずだった[がしなかった]）

➡「should have＋過去分詞」の形で過去の義務の不履行を表している。

・Would Ratchett have taken the medicine that night?（ラチェットはあの夜、薬を飲もうとしただろうか？）

➡「would have＋過去分詞」の形で過去の推量を表している。

●仮定法

主に、現在または過去の事実に反する仮定や、過去・現在・未来に関する実現可能性の低い想像を表す文の形。文のV（述語動詞）の部分が過去形・過去完了形になり、ifなどで始まる「条件節」と、結論を表す「帰結節」で構成されることが多いが、どちらか一方のみで表されることも少なくない。

・Would you recognize him if you saw him?（もし今会ったとしたら、彼だとわかるか？）

➡ 仮定法過去。現在の実際の状況に反する仮定。

・Only a hot-blooded, crazy person would do something like that.（そのようなことをする人物がいるとすれば、血の気の多い、頭のおかしい人物だけだろう）

➡ 仮定法過去。現在の事実に反する仮定、または可能性の低い事実に関する想像。

・He would have seen an outsider enter the car.（[もしそうだとすれば] 彼は部外者が車両に入るのを見ただろう）

➡ 仮定法過去完了。過去の事実に反する仮定、または可能性の低い事実に関する想像。

・I would have heard it.（[もしそうだとすれば] その音が聞こえただろう）

➡ 仮定法過去完了。過去の事実に反する仮定、または可能性の低い事実に関する想像。

ミステリーで読み解く英文法
オリエント急行殺人事件

2022年 7月 4日　第1刷発行

原著者　アガサ・クリスティ

発行者　浦　晋亮

発行所　IBCパブリッシング株式会社
〒162-0804 東京都新宿区中里町29番3号 菱秀神楽坂ビル
Tel. 03-3513-4511　Fax. 03-3513-4512
www.ibcpub.co.jp

印刷所　株式会社シナノパブリッシングプレス

ISBN978-4-7946-0718-8